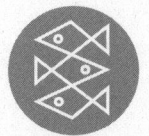

Deutschland ist ein Autoland. Deutschland hat das Auto er-funden, perfektioniert und sich ökonomisch davon abhängig gemacht. Einerseits ist das Auto eines der technologisch hochwertigsten und intelligentesten Produkte der modernen Massenkultur. Andererseits ist es ein menschen-, gesell-schafts- und zukunftsfeindliches Produkt – vergegenwärtigt man sich die bereits heute spürbaren Engpässe an Ressourcen, Raum und sauberer Luft.

Der Mobilitäts- und Zukunftsforscher Stephan Rammler plä-diert für einen geistigen und emotionalen Perspektivwechsel: Wir müssen uns verabschieden von der Automobilität, wie wir sie kennen. Was sich zunächst nach Verzicht anhört, stellt sich als überraschende Bereicherung heraus – als ein Fort-schritt in eine noch bessere Mobilität.

Stephan Rammler, geboren 1968, ist Professor für Transportation Design & Social Sciences an der Hochschule für Bildende Künste in Braunschweig und Gründer des Instituts für Trans-portation Design. Seine Arbeitsschwerpunkte sind die Mo-bilitäts- und Zukunftsforschung, Verkehrs-, Energie- und Innovationspolitik, Fragen kultureller Transformation und zu-kunftsfähiger Umwelt- und Gesellschaftspolitik. 2016 erhielt er den »Zeit Wissen-Preis ›Mut zur Nachhaltigkeit‹«.

Weitere Informationen finden Sie auf www.fischerverlage.de

STEPHAN RAMMLER

VOLK OHNE WAGEN

Streitschrift
für eine neue Mobilität

FISCHER Taschenbuch

Originalausgabe

Erschienen bei FISCHER Taschenbuch
Frankfurt am Main, August 2017

© 2017 S. Fischer Verlag GmbH, Hedderichstr. 114,
D-60596 Frankfurt am Main

Satz: pagina GmbH, Tübingen
Druck und Bindung: CPI books GmbH, Leck
Printed in Germany
ISBN 978-3-596-29862-4

Für M.

Inhalt

VORGLÜHEN

Wir erleben gerade den Anfang vom Ende der Automobilität wie wir sie bislang kennen. Ob wir das als Zeitzeugen, Unternehmer, Konsumenten oder politisch Handelnde begrüßen oder befürchten, aufhalten können wir diese Entwicklung nicht.

Die unaufhaltsamen Megatrends der demographischen Entwicklung und der Urbanisierung, der Nachhaltigkeit und der Digitalisierung verändern die Anforderungen an die zukünftige und dabei zukunftsfähige Gestaltung der Mobilität weltweit in einer derart radikalen Weise und Geschwindigkeit, dass das Festhalten an den etablierten Leitbildern der Automobilnutzung – der Pkw im Privatbesitz – und der Automobiltechnologie – der fossil angetriebene Verbrennungsmotor – in der Zukunft als ineffizient, betriebs- und volkswirtschaftlich unrentabel, riskant und illusionär bezeichnet werden muss.

Das ist die empirische Sicht auf das Thema. Der Push-Faktor sozusagen. Hinzu kommt der immer stärkere Druck einer moralischen Anforderung: Das Prinzip der Verantwortung für heute lebende und für zukünftige Generationen ist eine Kernidee der Nachhaltigkeitspolitik, die auch von der deutschen Bundesregierung in Paris auf eindrucksvolle Weise zumindest rhetorisch zur Schau gestellt wurde. Die fossil getriebene Automobilität widerspricht diesen Anforderungen in besonderer Weise. Deswegen ist die Neuerfindung der Mobilität auch in ethischer Hinsicht geboten. Beide Argumente, die reale Veränderung, Zuspitzung und Verknappung der Funktionsbedingungen der klassischen Automobilität einerseits und das moralische Gebot andererseits, sind heute nicht mehr von der Hand zu weisen. Ob, wie und wie schnell darauf jedoch reagiert wird von Unternehmen, Politik und Verbrauchern, ist noch eine ganz offene Frage. Über diese ist zu diskutieren.

Und darum ist sie der Ausgangspunkt dieser Streitschrift. Sie soll die These von der faktischen wie moralischen Transformationsnotwendigkeit der Mobilitätswirtschaft untermauern. Zudem wird darin versucht, technologische, unternehmerische, politische und kulturelle Wege aufzuzeigen, wie der Schritt vom »Volk im Wagen« zum »Volk ohne Wagen« auf eine nachhaltige Weise gelingen kann, ohne dass grundlegende Mobilitätsbedürfnisse eingeschränkt würden und wirtschaftliche und soziale Verwerfungen entstünden. Vorrangig erscheint dabei, dass schnell, konsequent und mutig gehandelt wird und nutzenmaximierende partikulare Interessen dabei mit Blick auf vernünftige Entwicklungschancen für das große Ganze zurücktreten. Denn trotz der prinzipiellen »Machbarkeit« ist die nachhaltige »Schubumkehr der Mobilität« (vgl. Rammler 2014) kein marktwirtschaftlicher »Selbstläufer«, sondern das Leitbild eines sehr ambitionierten politischen Gestaltungsszenarios, welches in weiten Teilen sowohl den kurzfristigen mobilitätswirtschaftlichen Interessenkonstellationen als auch den vorfindlichen Ausprägungen privater Lebens- und Konsumstile deutlich widerspricht.

Deutschland hat das Auto erfunden, perfektioniert und sich ökonomisch wie emotional davon abhängig gemacht. Wäre es nicht ein wunderbarer Zirkelschluss der Technik- und Kulturgeschichte, wenn das Geburtsland des Automobils knapp ein Jahrhundert später auch der Ort der Neuerfindung des Automobils sein würde, und wenn dabei der Schritt vom »Volkswagen« zum »Volk ohne Wagen« gelingen würde? Denn darum geht es ja eigentlich bei der provokanten Formulierung von der Abschaffung des Automobils: um die Neuerfindung der Mobilität als postfossiles, dekarbonisiertes, sicheres und widerstandsfähiges System nachhaltiger Praktiken der Raumüberwindung. Die Automobilität im Sinne des oben beschriebenen Leitbildes der automobilen Massenkultur gehört dabei abgeschafft. Das Automobil als technisches Gerät zur Raumüberwindung auf vier Rädern wird in Zukunft natürlich weiterhin eine Rolle spielen. Ausgestattet mit innovativen Antriebskonzepten wie dem Elektromotor und regenerativen Materialien kann es ein Bestandteil einer neuen nachhaltigen Mobilitätswelt sein, in der keine Kriege mehr um Erdöl geführt werden, in der der Klimawandel verlangsamt wird, Unfälle und Emissionen sehr viel weniger Menschen töten, wirtschaftliche Ineffizienz abgeschafft ist und die städtische Lebensqualität menschenwürdiges und gesundes Leben auch dort wieder erlaubt, wo wir uns schon längst an das krude Desaster stinkender Dieselfahrzeuge und röhrender Motoren gewöhnt zu haben glauben.

Dieser Text ist eine faktenbasierte Streitschrift, an manchen Stellen auch eine Polemik. Es ist der für die Sache der Nachhaltigkeit und Verantwortungsethik parteiische und mit Zuspitzungen vorgetragene Beitrag eines Wissenschaftlers und Designers, der sich seit nunmehr über zwanzig Jahren mit dem Thema der (Auto-)Mobilität forschend und gestaltend auseinandersetzt. Neben einer wachsenden Irritation über Irrläufer, Ignoranten, politische Quatschköpfe und neuerdings die vielfältigen Ankündigungsphantasmen der digitalen Branche ist der Text allerdings überwiegend von der großen Hoffnung getragen, dass wir heute – vor allem in Deutschland – die enormen technischen wie kulturellen Potentiale besitzen, eine große Transformation zu bewältigen. Wir wissen es womöglich nur noch nicht.

PROLOG –
DAS MÄRCHEN VOM VOLKSWAGEN

»Kairos« ist ein Begriff für den günstigen Zeitpunkt einer Entscheidung, dessen ungenutztes Verstreichen nachteilig sein kann. In der griechischen Mythologie wurde der günstige Zeitpunkt als Gottheit personifiziert.

Es war einmal der König eines großen Reiches, der seine Berater zu sich rief. Gerade war die Zeit der Ernte vorbei, jetzt sollte die Zeit des nicht minder anstrengenden Reisens beginnen und danach die Zeit des Bauens winterfester Gebäude. Wie es wohl wäre, so frug er, erfände man eine Maschine, die sich würde bewegen können, ohne auf die Kraft der Zugtiere angewiesen zu sein. Eine Maschine die nicht Korn und Heu würde fressen müssen, keine Pausen bräuchte, nicht an der Witterung litte, Lasten ganz mühelos transportieren könnte und von seinen Besitzern schnell und widerspruchslos sich überall würde hinlenken lassen? Niemand hatte von einem solchen Gerät jemals gehört. So verfügte der König, Späher auf die Suche nach dieser Wundermaschine in alle Himmelsrichtungen zu schicken. Und wenn man keine fände, so solle sie eben ganz neu erfunden werden.

Sogleich wollten die Weisen sich mit feurigem Eifer an die Arbeit machen, die große Weisheit ihres Herrschers lobend. Wie viel satter könnte ihr Volk werden, wenn das Korn, anstatt es den Pferden und Zugochsen zu verfüttern, die Bauern selbst essen könnten. Wie viel mächtiger, sicherer und stabiler wäre es, wenn seine Soldaten windgeschwind von der einen zur anderen Grenze des Landes sich würden bewegen können. Wie viel reicher, wenn man Maschinen und nicht mehr Tiere und Menschen im Transport hart arbeiten lassen könnte, um warme Behausungen und sichere Städte und Burgen zu bauen und überdies mit dem Kraftzuwachs dieser Maschinenwelt noch mehr zu erschaffen: Straßen, Brücken und Fabriken, in denen mit Maschinen neue Maschinen und Güter gebaut würden, mit denen man Handel treiben würde, der zu größerem Reichtum führte? Alle waren sich einig: Das war eine sehr gute Idee.

Nur einer der Weisen, der Erfahrenste, hatte Widerspruch und war von der Klugheit der Idee nicht überzeugt. Sollte man sich nicht erst einmal Gedanken darüber machen, was ein solches Gerät für Gefahren mit sich bringen würde? Sollte man nicht überlegen, wie es ihre Welt verändern könnte, zu etwas ganz anderem als das, was sie sich wünschten? Mitunter seien die kühnsten Träume von den größten Niederlagen kaum zu unterscheiden. Womit würde man die Maschinen füttern? Würden sie nicht auch Schmutz und Lärm erzeugen? Was würde mit den Straßen, Städten und Landschaften werden, wenn ein jeder mit einer solchen Maschine fahren könnte? Mit welcher Geschwindigkeit würde man unterwegs sein und wäre das der menschlichen Natur noch angemessen? Wiederum fanden alle, das seien kluge Fragen, doch könne man sie gar nicht beantworten. Erst einmal müsse man das Gerät haben und dann könnte man sich die Mühe weiterer Überlegungen machen. So gesagt, dann zogen sie los. Nur der weise Alte blieb zurück.

Wir wissen heute, wie das Märchen ausgegangen ist. Die *Automobile*, die selbstfahrenden Wagen, haben die Welt umgekrempelt wie keine Massenprodukte je zuvor. Sie waren ein gigantischer Erfolg, und die meisten der vom zukunftsfrohen Herrscher erhofften Vorteile sind eingetreten. Doch auch der weise Alte hat recht behalten. Heute würde das Automobil, so wie wir es kennen, wollte man es neu an den Markt bringen, keine Technikfolgenabschätzung nach geltenden Maßstäben bestehen. Zu groß sind die Gefahren der diversen Emissionen, das Unglückspotential durch Unfälle und die Risiken, die sich aus der Geopolitik der Erdölabhängigkeit und aus der beginnenden digitalen Transformation der Mobilitätsbranche ergeben. Und die Fragen des weisen Alten stellen sich im modernen Gewande gerade ja erneut, da die Industrie dabei ist, das Automobil zu einem sich tatsächlich auch selbst steuernden Gerät zu machen. Welche um diese diversen Schattenseiten wissende Gesellschaft würde sich sehenden Auges in die Abhängigkeiten einer fossil befeuerten Mobilitätskultur begeben, deren Raum-, Siedlungs- und Wirtschaftsstrukturen ohne Auto kaum mehr funktionieren und die sie aufs stetige und scheinbar alternativlose Weitermachen zu programmieren scheinen?

Das ist der tragende Gedanke dieses Essays: Nach einer langen evolutionären und kontinuierlichen Entwicklung erleben wir heute einen Kairos-Moment in der Automobilgeschichte, eine Situation der krisenhaften Zuspitzung und der Anwendung neuer, in ihren Wirkungen uns noch weitgehend unbekannter Technologien, aus der sich Chancen ergeben könnten. Kairos-Momente sind »günstige Zeitpunkte«, um etwas grundsätzlich anders zu machen, womöglich zum Besseren zu wenden. Sie verstreichen zu lassen – so gehört es zur Definition des aus der griechischen Mythologie stammenden Begriffs – kann nachteilig sein. In solchen Situationen sind Neugierde, Aufbruchsbereitschaft und innovative Ideen wichtig. Noch wichtiger aber erscheint die Bereitschaft, das Unbequeme und Unbekannte zu denken und sich in Widerspruch zu bringen. Deswegen ist dieses Buch dem König *und* dem Kritiker gleichermaßen gewidmet. Dem König als optimistischen Idealtypus der Innovation und der Kreativität, ohne den es keinen Fortschritt und keine Verbesserung von Lebensverhältnissen gäbe und dem Kritiker als Idealtypus der klugen Reflexion und der unbeirrten Kraft zum Widerspruch, der dem Fortschritt die Richtung zu weisen versucht und der dabei stets nach den möglichen unbeabsichtigten Folgen fragt, bevor die Werkzeuge für einen Neuanfang geschärft werden.

1. ANFAHREN –
DEUTSCHLAND SCHAFF(T)
DAS AUTO AB!?
Zur Einleitung

»Dies ist kein grimmiges Plädoyer gegen das Auto, sondern
ein Lehrstück vom Verwelken eines historischen Zukunftsent-
wurfes.« (Wolfgang Sachs, Die Liebe zum Automobil)

Deutschland schafft das Auto ab ist der Titel einer ziemlich
ideologischen Lobpreisung des Autos, geschrieben von einem
ehemaligen Berliner ADAC-Vorsitzenden. Es ist der Titel eines Buches, in dem im leidenschaftlichen Bemühen um die
freie Fahrt für freie Bürger so viel Falsches über das Automobil geschrieben steht, dass wohl nicht einmal mehr das Gegenteil richtig wäre. Aber der Titel ist ganz wunderbar, näh-
men wir ihn uns mit einem Ausrufezeichen versehen als einen
guten Vorsatz. Stellen wir uns einmal vor, Deutschland würde
das Auto abschaffen. Und? Stimmt, das ist kaum vorstellbar.
In Deutschland wurde das Auto erfunden und perfektioniert,
zu einer Designikone und zum international verehrten Symbol
deutscher Ingenieurskunst, Innovationskraft und Verlässlich-
keit. Jedenfalls bis Dieselgate. Die nächsten Monate und Jahre werden zeigen, ob und wie stark dieser Skandal der
Gesamtmarke »Made in Germany« geschadet hat.

In Deutschland wurde der Motorwagen zum Wagen des
Volkes, ja zu einer fast totalen Kultur der Auto-Mobilität,
nach deren funktionalen Anforderungen ausgerichtet, wir nach
dem Zweiten Weltkrieg unsere Verkehrssysteme, unsere Städte und Landschaften, unsere Leidenschaften und Gewohnheiten einem Radikalumbau unterzogen haben. Gleichzeitig haben wir begonnen, diese Mobilitätskultur zu exportieren.
Nicht zuletzt deswegen fußt unsere Volkswirtschaft in ihrem
Erfolg in weiten Teilen auf den Leistungen der Automobil-

industrie, ihren Steuererträgen und den von ihr geschaffenen Arbeitsplätzen. Deutschland ist neben den USA das Autoland schlechthin, auch wegen der fehlenden Tempolimits auf den Autobahnen, die zur einem regelrechten Autobahntourismus aus allen Teilen der Welt geführt haben. Wie kann man da überhaupt auf die verrückte, undenkbare, vordergründig geradezu modernitätsfeindliche Idee kommen, das Auto abschaffen zu wollen? Ganz einfach, weil sich das Auto in seiner heutigen Form und Technologie durch seinen gigantischen Erfolg als globalisierte fossile Mobilitätsmaschine im Grunde bereits selbst abzuschaffen begonnen hat:

- Weil die dunklen Blüten seiner Ausbreitung – die Emissionen, der riesige Flächen-, Material- und Energieverbrauch, die zerschnittenen Landschaften, die unwirtlichen Städte und durch Unfälle und Emissionen verlorenen Menschenleben – seinen unbestreitbaren Nutzen in den Schatten zu stellen beginnen.
- Weil der stetig wachsende Erdölhunger der globalen Autoflotte seit einhundert Jahren dazu beiträgt, ganze Weltregionen, allem voran den Nahen und Mittleren Osten, zu destabilisieren und in Kriege zu stürzen und damit einen nicht geringen Anteil auch an der aktuellen Flüchtlingskrise hat.
- Weil die Klimawende ohne eine Mobilitätswende, die auch den Verkehrsbereich schnell und umfassend de-karbonisiert, unmöglich sein wird.
- Weil in den immer dichter besiedelten urbanisierten Regionen Asiens und Lateinamerikas kaum mehr Platz für einen weiteren Zuwachs der privaten Automobilität ist und deren Volkswirtschaften schon heute durch den andauernden Stau und die Gesundheitskosten der fossilen Mobilität in ihrer Entwicklung massiv behindert werden.
- Weil Automobilität betriebs- wie volkswirtschaftlich unglaublich unrentabel ist. Oder kennen Sie Unternehmen,

die ihre Produktionsanlagen 23 Stunden am Tag stillstehen lassen und sie dann auch noch äußerst ineffizient nutzen? Mit einem durchschnittlichen Auslastungsgrad von 1,6 Personen pro Fahrzeug und den entsprechenden Ruhezeiten verfahren wir aber bis heute mit unserer Autoflotte genau auf diese Weise.

- Weil die bisherige Automobilkultur angesichts der digitaltechnischen Möglichkeiten und der heute realisierbaren Nutzungsintelligenz den sich entwickelnden kollaborativen Konsumweisen des 21. Jahrhunderts schon längst nicht mehr gerecht wird und im Grunde eine Beleidigung für unsere technologische wie ökonomische Vernunft darstellt.

- Weil die neuen Player aus dem Silicon Valley genau das schon längst begriffen haben und dabei sind, ihre neuen Vorstellungen von Automobilität mit Macht, Kapital und Einfallsreichtum schnell voranzubringen. Dabei setzen sie darauf, gesamthafte, in sich geschlossene »digitale Ökosysteme« zu konzipieren und die Abwicklung der Mobilität darin als einen zentralen Lebensaspekt zu verankern. Sie werden damit nicht nur zu einer gefährlichen Konkurrenz der etablierten Autobauer, sondern hantieren dabei auch mit wenig demokratischen und freiheitlichen Zukunftsvorstellungen und Technikkonzepten, denen es dringend eine europäische Variante entgegenzustellen gilt.

- Weil die Autoindustrie in einer Branchen- und Organisationskrise steckt, die sich vor allem in mangelnder Innovationsgeschwindigkeit, Überkapazitäten und geringer Profitabilität zum Ausdruck bringt. Insbesondere die italienische Fiat, die französische PSA und die deutsche Opel AG sind hiervon in Europa betroffen. Kurz- und mittelfristig ist eine weitere weltweite und dynamische Marktbereinigung zu erwarten. Für welche zusätzlichen Schwierigkeiten für die global sehr arbeitsteilig arbeitende Autoindustrie – allein BMW produziert in 31 Werken in 14 verschiedenen Ländern, das größte davon im U. S.-amerikanischen Spartanburg – der zum Zeitpunkt des Verfassens dieses Buches zu erwartende Protektionismus des neuen U.S.-amerikanischen Präsidenten führen wird, bleibt abzuwarten.

- Schließlich weil auch die chinesischen Regierungskader begriffen haben, dass die fossile Automobilität keine nachhaltige Entwicklungsperspektive für ihr Milliardenvolk sein wird. Sie haben deswegen angekündigt, in großem Maßstab Elektromobilität zu fördern und im Zweifel zu erzwingen, mit dem sehr durchsetzungskräftigen politischen Instrument kontinuierlich ansteigender Anteile von Nullemissionsfahrzeugen an den Flottenverkäufen der Hersteller, die im Jahr mehr als eine halbe Million Kfz in China absetzen. Insbesondere für die deutschen Hersteller ist diese Ansage aufgrund der hohen Absatzzahlen in China ein Fanal, welches die Konzerne womöglich effektiver aufgeschreckt hat als hierzulande die jahrelange und mühsame politische Debatte zur Förderung der Elektromobilität.

Das Automobil, angetrieben durch die Verbrennung von Erdölderivaten, vom Fahrer oder der Fahrerin selbst gesteuert und im massenhaften Privatbesitz – so kann man das heute global vorherrschende Mobilitätsleitbild zugespitzt formulieren – ist also ein im Kern menschen-, gesellschafts- und zukunftsfeindliches Relikt des 20. Jahrhunderts. Es ist auch ein Produkt, das unseren enormen Fähigkeiten nicht mehr gerecht wird. Denn Deutschland steht im weltweiten Vergleich betrachtet noch immer an der Spitze der Nachhaltigkeitstechnik und ist ein globaler Vorreiter der Befürworter der Klimawende und des Ausstiegs aus der fossilen Kohlenstoffökonomie. Diesen Widerspruch gilt es in den nächsten Jahren aufzulösen, um glaubwürdig zu bleiben und konkurrenzfähig zugleich. Es sollte uns beschämen und peinlich sein, wenn wir in zehn Jahren noch an derselben Stelle stehen, trotz des Pariser Aufbruchs in der Klimapolitik, trotz der rasanten Entwicklung umweltfreundlicher Techniken und digitaler Kompetenz, trotz der Feinstaubproblematik, die auch in Deutschland jährlich immer noch tausende Menschenleben fordert.

Seit dem Jahr 1886, als Benz seinen Motorwagen mit der Reichspatentnummer 37 435 angemeldet hat, bis heute sind weltweit schätzungsweise fast zwei Milliarden Autos gebaut, genutzt und wieder verschrottet worden. Sie hinterließen ihre Spuren in einem Maße wie es kaum eine Technologie zuvor getan hatte. In Verbindung mit über viele Jahrzehnte extrem billigen fossilen Treibstoffen hat das Automobil die Mobilität moderner Gesellschaften gewissermaßen monopolisiert und zu einer Monokultur werden lassen, aus der wir heute nur schwer wieder einen Ausweg zu finden scheinen. Aber ein Ausweg ist nötig. So viel mindestens sollte heute klarwerden. Dabei könnten wir versuchen, uns gedanklich aus der Rolle der Getriebenen und Gezwungenen zu befreien und einen intellektuellen, aber auch emotionalen Perspektivenwechsel anstreben. Denn bei allem Nachdenken über neue Mobilitätskonzepte geht es eben nicht allein darum, Probleme zu lösen und Krisen zu mildern oder abzuwenden, sondern positiv formuliert um die Verwirklichung der riesigen Entwicklungschancen einer nachhaltigen Mobilitätskultur. Mit anderen Worten: Den Ausstieg aus der uns so gut bekannten und für unverzichtbar gehaltenen Form der Automobilität könnten wir angesichts der faszinierenden Vielfalt an Konzepten und Technologien, die in Zukunft möglich sein werden, statt als einen Verzicht eher als eine Bereicherung empfinden, als ein Fortschritt in eine noch bessere Mobilitätswelt.

Dieses Buch hat drei Schwerpunkte, die man mit Geschichte, Gegenwart und Zukunft überschreiben könnte: Nach einem zugespitzten real- wie alternativgeschichtlichen Blick in die Geschichte der Automobilkultur und die Hintergründe der Entstehung der heutigen Situation im ersten Teil werden im zweiten Schwerpunkt kritische Schlaglichter auf einige ausgewählte Entwicklungen geworfen und daraus die vertiefende Begründung für die Notwendigkeit einer beschleunigten automobilen Transformation abgeleitet. Das Buch schließt im dritten Schwerpunkt mit konkreten Vorschlägen und Szenarien unmittelbar umsetzbarer Maßnahmen einerseits sowie eher mittel- und langfristiger Politik- und Gestaltungskonzepte andererseits. Leitgedanke ist dabei, dass die Mobilität heute einer der essentiellen Sektoren, wenn nicht sogar DER zentrale Sektor für einige der wichtigsten Gegenwartsfragen darstellt. So betrachtet kann man es auch als Ironie begreifen, dass ausgerechnet dasjenige Gerät, welches für die moderne Lebensführung eine der bedeutendsten Rollen überhaupt eingenommen hat, das tief in Leidenschaften, Lebenspraktiken, Raumstrukturen und Wirtschaftsweisen eingebunden ist, zugleich aufs engste mit unseren aktuell dringendsten Sorgen verbunden ist, nämlich dem Klimawandel, den Schattenseiten der Digitalisierung und der Geopolitik des Nahen und Mittleren Ostens.

Noch einmal anders formuliert: Die Ernsthaftigkeit unserer Bemühungen um das Weltklima und den Weltfrieden bemisst sich zukünftig nicht mehr allein an der Willkommenskultur für Flüchtlinge, dem Streit über Varianten von Einwanderungsgesetzen, Kritik an der Waffenlobby, Spenden für den Erhalt des Regenwaldes oder Kompensationszahlungen für mobilitätsbedingte Klimaemissionen. Nein, sie bemisst sich vor allem – und heute erst recht vor dem Hintergrund der zu erwartenden revisionistischen Klima- und Umweltpolitik Donald Trumps – an der Bereitschaft, etwas im Kern unserer privaten Lebensstile massiv zu verändern, einen ganzen Wirtschaftszweig mutig und radikal zu transformieren, ja eine ganze Volkswirtschaft umzubauen. Die Neuerfindung des Automobils, mithin die Neuerfindung der Mobilität ist ein echtes Jahrhundertprojekt. Aber eines, um das es sich wirklich zu kämpfen lohnt, weil die segensreichen Wirkungen enorm sein werden.

2. AUTO-BIOGRAPHIE –
DER WEG IN DEN GOLDENEN KÄFIG
DER AUTOMOBILKULTUR

»Ein Rennwagen, dessen Karosserie große Rohre schmücken, die Schlangen mit explosivem Atem gleichen ... ein aufheulendes Auto, das auf Kartätschen zu laufen scheint, ist schöner als die Nike von Samothrake.« (Filippo Tommaso Marinetti: Manifest des Futurismus erschienen in: Le Figaro, Paris, 20. Februar 1909)

»Wir richten uns ein mit dem täglichen Tod auf den Straßen, dem zermürbenden Lärm bei Tag und Nacht, der Zerstörung von Landschaft und Natur.« (Oberstadtdirektor Neuffer, Hannover 1972)

»Erst kam der elektrische Strom, dann der Erste Weltkrieg, dann das erste Automobil. Es hat uns gleich unseren schönen Hahn totgefahren.« So oder ähnlich begannen die Kindheitserinnerungen meiner Großmutter aus dem schlesischen Bergland. Das spektakuläre Ableben des Hahnes hatte Eindruck hinterlassen. Er war wohl der erste Verkehrstote der ganzen Gegend. Die Familie nutzte Pferdegespanne und die Eisenbahn und ging damit am Ende des Zweiten Weltkrieges auch auf die Flucht. Keiner meiner zur Jahrhundertwende geborenen Großeltern hat jemals den Führerschein gemacht. Auch war keiner von ihnen jemals am Meer oder im Ausland. Das alles war erst der nächsten Generation des Wirtschaftswunders vorbehalten. Das erste Auto meines Vaters war Mitte der 1960er Jahre ein Volkswagen-Käfer, danach kamen ein paar alte Franzosen mit schönen Formen, bunten Farben, seltsamen Namen und einer meist sehr kurzen Lebensdauer. Schließlich als Krönung seines kurzen Lebens als Autobesitzer: ein quittengelber gebrauchter Audi 100, der nach wenigen Jahren durchgerostet war und meinen Vater kaum ein paar Monate überlebte. Wir lebten auf dem Land, und nach und nach hatten alle Familien des Dorfes mindestens ein Auto, mit dem die Väter zur Arbeit fuhren, damals oft noch in Fahrgemeinschaften. Die Schüler und Hausfrauen fuhren mit dem Bus. Die Hauptstraße unseres Dorfes, auf der wir als Kinder in den 70er Jahren noch problemlos Fußball spielen und Rollschuh laufen konnten, gleicht heute am Morgen und am späten Nachmittag einer Schnellstraße.

Wir Landjugendlichen konnten es kaum erwarten, endlich den Führerschein zu machen. Es war der erste große Schritt der Befreiung von den ewigen Busfahrten, dem Fahrrad und später den bei allen Beteiligten unbeliebten Chauffeurdiensten der Eltern. Mein erstes Auto war ein enorm PS-starker Audi 50, der mich durch die Zivildienstzeit brachte, bis er auch durchgerostet war. Dann hatte ich jahrelang kein Auto, lebte in dicht und zentral arrangierten Innenstädten mit guten öffentlichen Verkehrsangeboten, als Car-Sharing-Nutzer und mit dem Fahrrad sehr auskömmlich. Erst mit den Kindern und dem Umzug an den Stadtrand stand das private Auto wieder auf der Agenda. Jetzt sind die Kinder größer und einige bald aus dem Haus. Wir fahren meistens mit dem Fahrrad. Seit einem halben Jahr haben wir unser erstes Elektroauto vor der Tür stehen.

Aufwärtstransformationen der Automobilität

So oder so ähnlich werden sich viele Mobilitätsbiographien der sogenannten Generation Golf und ihrer Vorfahren beschreiben lassen. Von Generation zu Generation erweiterten sich die mobilen Möglichkeitsräume der Automobilität. Immer besser ausgebaute Infrastrukturen und mit wenigen Ausnahmen meist äußerst günstige Benzinpreise im Verein mit der stetigen Effizienzsteigerung der Motoren machten es nach und nach immer günstiger, mit immer zahlreicheren und immer größeren Autos immer weiter zu fahren. Galt im Dorf meiner Kindheit noch die Regel »eine Familie, (oft k)ein Auto«, so stehen heute vor den Häusern fast jeder Mittelstandsfamilie mindestens zwei, oft sogar drei Fahrzeuge, und Fahrgemeinschaften gibt es schon lange nicht mehr. Zu beobachten ist also eine stetige Aufwärtstransformation der Automobilnutzung, die ihren aktuellen Ausdruck nicht zuletzt in den modernen SUVs und immer leistungsstärkeren Motoren findet. Die durchschnittliche Leistung der Neuwagen liegt heute bei etwas mehr als 150 PS, und bald jeder dritte neu angeschaffte Wagen ist ein SUV. Die sind im modernen Straßenkampf unbedingt nötig, vor allem damit die Taximütter aus Suburbia ihre Kinder pünktlich und sicher zur Schule bringen können. Dazu nehmen sie mit ihren SUV-Privatpanzern jeden Morgen die Abkürzung durch den eigentlich verkehrsberuhigten Schleichpfad unserer Siedlung, mit Tempo 60 auf dem Hinweg – es geht um Pünktlichkeit –, dann mit Tempo 60 zurück – der Kurs im Fitnessstudio wartet nicht. Aber ich warne Sie: Legen Sie sich niemals mit Müttern auf dem Weg zur Schule an, auch nicht, wenn Ihr eigenes Kind beinahe unter die Räder gekommen wäre. Sie werden nicht auf Einsicht hoffen können.

Auch in den Städten sieht es nicht viel anders aus als auf dem Land oder in den suburbanen Siedlungen. Eher noch schlimmer. Schaue ich aus dem Fenster meines Büros auf die nahe Hauptstraße, so findet sich zwischen sieben Uhr morgens und sieben Uhr abends kaum eine größere Lücke im immerwährenden Fluss der Fahrzeuge. Es ist ein unendliches Strömen, ein stetiges Rauschen und eine ziemlich dicke Luft.

Die perfekte Mobilitätsmaschine

Das also ist die automobile Dialektik von Befreiung und gleichzeitiger Einhegung, von Aufbruch und Einschränkung, von Faszination und Abscheu, die auch in den Eingangszitaten dieses Kapitels zum Ausdruck kommt. Das Automobil ist heute so fest und tief eingebaut in immer entfernungsintensivere Lebensstile und disperse suburbane Siedlungsstrukturen, dass der Verzicht darauf unmöglich erscheint. Und mal ehrlich, ist das Auto nicht eigentlich das perfekte Gerät? Es schützt uns vor den Zumutungen und Ausdünstungen fremder Menschen, vor der Wankelmütigkeit der Natur, vor dem Tragen zu schwerer Getränkekisten, dem Schieben von Kinderwägen und – bei zunehmender Verbreitung – vor allem vor den vielen anderen Automobilen, denen wir als Fußgänger oder Radfahrer ausgeliefert wären. Außerdem bringt es uns trocken zum Fitnessstudio, wo wir dann mit dem Fahrstuhl aus dem Parkhaus direkt bis vors nächste Laufband transportiert werden.

Das Auto gibt uns im selten gewordenen Idealfall freier Straßen und Autobahnen außerdem ein Gefühl von Souveränität, Selbstbestimmtheit und Freiheit. Es ermöglicht »Thrill- und Flow-Erlebnisse«, so die Terminologie der Psychologie des Fahrens. Also Gefühle des totalen Eintauchens in die Tätigkeit, bei dem alles andere ausgeblendet und vergessen wird – man könnte das auch als Meditation des Fahrens bezeichnen. Und es ist schließlich in dispersen Siedlungsstrukturen, die ja selbst überhaupt erst durch das Auto möglich wurden, heute oftmals die einzige Möglichkeit zur einigermaßen mühelosen sozialen Teilhabe.

Ja, das Auto müsste man erfinden, wenn es nicht schon erfunden wäre. Und ja, das Auto würde, nach den Kriterien der modernen Technikfolgenbewertung heute niemals zugelassen werden. Zu groß sind die von ihm ausgehenden Risiken und Gefahren. Nur die normative Kraft des Faktischen, die Gewöhnung über die Jahrzehnte – das Sich-Einrichten, von dem der eingangs zitierte Hannoveraner Oberstadtbaurat sprach, das schleichende Akzeptieren der eigentlichen Ungeheuerlichkeit, dass in Deutschland in den 1970er Jahren etwa 20 000 Menschen und heute immer noch jedes Jahr etwa 3000

Menschen im Straßenverkehr starben und sterben (international rechnet man aktuell mit 1,3 Mio. Verkehrstoten) und noch mehr an Luftschadstoff-bedingten Lungen- und Kreislauf-krankheiten –, kann erklären, warum unsere Gesellschaft sich gegen die nach den Gesetzen der Wahrscheinlichkeit im Ver-gleich zur Automobilität im Grunde weniger riskante Atom-energie ausspricht, die gleichen Menschen aber jeden Tag ei-ne ungleich größere Wahrscheinlichkeit in Kauf nehmen, im Verkehr verletzt zu werden oder andere zu verletzen.

Die Sozialpsychologen nennen diese psychische Fähigkeit zur Vereinbarung von widersprüchlichen Fakten und Hand-lungsweisen »kognitive Dissonanz«. Dieser scheinbar gut aushaltbare Widerspruch zwischen Wissen und Handeln er-klärt auch, warum nach einer recht aktuellen Studie des Um-weltbundesamtes etwa achtzig Prozent der Bundesbürger sich weniger Autos, sauberere und leisere Städte wünschen, gleichzeitig aber das PS-Niveau der Neuwagen und die Zulas-sungsquote von SUVs stetig ansteigt. Tja, wer kauft bloß die-se Autos?

Die politische Ökonomie des Automobils

Diese einleitende *Auto-Biographie* wäre unvollständig, wenn sie nicht auch auf die politische Ökonomie des Automobils und die dazugehörige Automobilwirtschaft, also den autoin-dustriellen Komplex von Automobilproduzenten, Zulieferin-dustrie und angewandter Forschung, zu sprechen käme.

Die Automobilindustrie entwickelte sich nach der Erfin-dung des Automobils 1885 rasant und erlebte einen ersten Aufschwung durch die Massenproduktion von Kraftfahrzeu-gen in Nordamerika durch Henry Ford. In vielen Industrielän-dern, wie in den USA, Japan, Deutschland, Frankreich, Italien und Südkorea, stellt die Automobilindustrie fast über das ge-samte 20. Jahrhundert bis heute einen der bedeutendsten Industriezweige dar. Mit dem Wachstum und dem gleichzeitig abnehmenden Wertschöpfungsanteil der Originalhersteller entwickelte sich dabei eine große Zulieferindustrie, also eine Branche kleinerer Firmen meist im näheren Umfeld der großen Produktionsstandorte, die einzelne Fahrzeugkomponenten wie auch Produktions-, Konstruktions- und Verfahrenswissen zulieferten. Gerade in Deutschland haben sich um die traditionellen Standorte der großen Automobilfirmen im Zuge der Massenmotorisierung des 20. Jahrhunderts auf diese Weise große regionalwirtschaftliche Automobilcluster gebildet, die selbst wiederum global zunehmend eingebunden sind. Der Arbeitsmarkt, der Wohlstand und die Sozialstruktur dieser Regionen werden heute mehr oder minder monostrukturell von der Automobilproduktion dominiert.

Ich bin in einer dieser Regionen geboren und aufgewachsen, in der sogenannten Verkehrskompetenzregion Südostniedersachsen, mitten in der Zuckerrübenwüste zwischen Wolfsburg, Braunschweig, Hannover und Salzgitter. Schon in den siebziger Jahren wuchs der Anteil der Väter in unserem Dorf beständig, die eine Arbeit in einem landwirtschaftlichen Betrieb oder als Handwerker aufgaben, um in einem der VW-Werke in Wolfsburg, Braunschweig oder Salzgitter am Band Autos zusammenzubauen und dabei eine ganze Menge Geld zu verdienen. Mit der Zeit veränderten der Aufschwung und die damit verbundene Dominanz des Weltkonzerns die Region immer stärker – sie wurde eine VW-Region. Arbeitsmarkt, Wissenschaft und Kultur sind hier aufs engste mit den Interessen, der Nachfrage und der Unterstützungsbereitschaft des Unternehmens verbunden, und die Kaufkraft des sogenannten VW-Adels in der Arbeiterschaft wie im mittleren und oberen Management ließen Einzelhandel, Immobilienmarkt und Gastronomie boomen. Auch kommunale Politik und regionale Institutionen sind hier stark geprägt von den Interessen des Unternehmens, dem Gedanken der Sozialpartnerschaft und einem großen Einfluss der Gewerkschaft IG Metall. In den anderen Automobilregionen sieht es kaum anders aus. Mit anderen Worten: Die Entwicklung der Automobilindustrie hat zur Etablierung von mindestens vier automobilen regionalen Wohlstandsclustern in Deutschland geführt, die in ihrer wirtschaftlichen Stabilität heute von den Verkaufserfolgen in anderen Teilen der Welt abhängen. Diese Abhängigkeit der Regionen und der gesamten Volkswirtschaft bzw. die enormen arbeitsmarktpolitischen und sozialen Folgen von Schrumpfungskrisen sind sicher auch ein wichtiger Grund für die bislang mehr oder weniger ungebrochene Unterstützung der Autoindustrie durch das politische System und Parteien fast jeder Couleur.

Im politischen System der Automobilität setzen sich bislang stets die automobilfreundlichen Politiken durch, während kritische Akteure sich kaum zu Gehör bringen können. Dieser machtpolitische Schulterschluss von Automobilwirtschaft und Politik ist nachvollziehbar, aber aus Sicht der aktuellen Transformationsnotwendigkeit unheilvoll, weil er zur Beharrung und Stabilisierung des Status quo beiträgt und wichtige Entwicklungen, wie etwa die regelmäßige und konsequente Verschärfung von CO_2-Standards als EU-Norm oder eine angemessene Besteuerung der Automobilität, erschweren, verzögern oder sogar verhindern. Nichts tun, was dem Automobilmarkt und der Autoindustrie schaden könnte, so lautet die Maxime der Automobil- und Industriepolitik auf allen politischen Ebenen noch immer. Dabei wird der Zukunftsblick verstellt und damit auch die Einsicht in die Tatsache, dass nur die Transformation der Autoindustrie und die damit zu verbindende wirtschaftsstrukturelle Diversifizierung der Automobilregionen eine wirklich widerstandsfähige und zukunftsfeste Entwicklungsperspektive für Beschäftigung und eine ausgeglichene soziale Lage bieten werden.

Und die internationale Perspektive? Die automobile Zivilisation greift heute bis in fast jeden Winkel der Erde und hat fast überall ihre Infrastrukturen errichtet. Gleichzeitig wächst die Weltbevölkerung stetig weiter an und bündelt sich dabei auf immer engerem Raum in den urbanen Zentren und Regionen. Um die bekannte Metapher einmal mehr zu bemühen: Der Kuchen bleibt gleich groß, während die auf Zuteilung wartende Kundschaft immer zahlreicher wird. Gleichzeitig steigt aber auch die Zahl derjenigen Kunden, die sich ein immer größeres Stück leisten wollen und können, d. h. die Anzahl der Menschen, die sich auf den Weg in die globale Mittelschicht macht, wird immer größer. Mit ihnen steigt der spezifische Ressourcenverbrauch erst recht. Privat-Pkw, Wohneigentum, Fernreisen, Konsumgüter, exotische Speisen – alles was heute den Lebensstil der Mittelschicht ausmacht, ist tendenziell äußerst mobilitäts- und ressourcenintensiv. Angesichts dieser Ausgangslage erscheint es einerseits nicht unrealistisch, dass in den Führungsetagen der Weltautomobilindustrie in zwei Dekaden mit einer Weltautomobilflotte (inkl. Lastkraftwagen) von bis zu 2,5 Mrd. Fahrzeugen gerechnet wird. Und doch erscheint eine solche Situation zugleich als ökologisch und sozial absolut unzumutbar, müssen doch nicht nur die energetischen Ressourcen zum Betrieb dieser riesigen Fahrzeugflotte und ihrer Infrastrukturen bereitgestellt werden, sondern vor allem erst einmal auch die Erze, der Sand, der Beton, die seltenen Erden und Kunststoffe, um die Fahrzeuge und Infrastrukturen zu bauen. Der ökologische Rucksack eines normalen Mitteklassewagens ist heute bereits groß. In Anwendung der Faustregel, dass der Ressourcenaufwand für die Herstellung eines Produktes umso größer ist, je höher das technologische Niveau (Leichtbau, E-Antrieb, Brennstoffzellen bzw. Batterie) des Fahrzeugs ist, ist zukünftig davon auszugehen, dass die ökologischen Rucksäcke noch größer werden. Damit wächst auch der Gesamtaufwand der vermeintlich »grünen« Produktinnovationen im Fahrzeugbereich ins Unermessliche bei zeitgleichem Bevölkerungswachstum, Konsumsteigerungen und steigender Mobilitätsnachfrage.

Kreativität durch Knappheit

So oder so betrachtet stehen wir angesichts dieser Situation heute wohl am Ende der Mobilität, wie wir sie kennen. Das Automobil – für sich genommen eines der technisch hochwertigsten Produkte der modernen Massenkultur – ist aus Sicht der schon heute sehr spürbaren Engpässe an Ressourcen, Raum und sauberer Luft zu einem volks- wie betriebswirtschaftlich geradezu »dummen« Produkt geworden. Jedoch: Knappheit erzeugt Kreativität – aus dieser Warte heraus hat der Traum von einer wirklich intelligenten Mobilität womöglich erst begonnen.

Was geschehen wäre, wenn anstelle des uns heute so gut bekannten Traumes ein anderer Traum geträumt und schließlich Realität geworden wäre, zum Beispiel der der Elektromobilität und des Elektroautos, davon handelt nun das folgende Kapitel. Es ist ein alternativgeschichtlicher, ein spekulativer Versuch zu beschreiben, wie unsere Gegenwart aussähe, wenn die unterschiedlichen mit Benzin, Diesel und Kerosin betriebenen Verbrennungsmotoren nie erfunden worden wären bzw. sich nicht zu dominanten Antriebstechnologien für die diversen modernen Mobilitätswerkzeuge entwickelt hätten. Das kann Hinweise darauf geben, wie eine zukünftige Welt ohne diese Technologien funktionieren würde – und womöglich auch: sehr gut funktionieren würde. Denn um nichts anderes als um diese Annahme geht es ja im Kern bei der Forderung nach einer postfossilen Mobilität.

3. VIRTUELLE AUTOMOBILITÄT – EINE ALTERNATIVGESCHICHTE DES AUTOMOBILS

»For want of a nail a horseshoe was lost,
for want of a horseshoe a horse went lame,
for want of a horse a rider never got through,
for want of a rider a message never arrived,
for want of a message an army was never sent,
for want of an army a battle was lost,
for want of a battle a war was lost,
for want of a war a kingdom fell,
And all for want of a nail.« (Kinderlied)

»Was wird sein, wenn?« – so lautet die Frage der Zukunftsforschung. Die Gedankenspiele der sogenannten Alternativgeschichtsschreibung oder auch der virtuellen bzw. kontrafaktischen Geschichte richten ihr spekulatives Interesse in die andere Richtung. Ihre Frage lautet: »Was würde gewesen sein, wenn?« Sie ist eine Art rückwärtsgewendete Zukunftsforschung, ein Gedankenexperiment über vergangene Zukunftsoptionen. Solche also, die eben »nicht Geschichte wurden« wie der Zukunftsforscher Karlheinz Steinmüller (1999) es einmal treffend formuliert hat. In der kontrafaktischen (lat. »entgegen den Tatsachen«) Geschichtsschreibung wird gefragt, was geschehen wäre, wenn bestimmte historische Entwicklungen nicht oder anders eingetroffen wären: Was wäre gewesen, wenn das Pferd im oben zitierten Kinderlied den Huf nicht verloren hätte? Was wäre gewesen, wenn Napoleon z. B. deswegen bei Waterloo gewonnen und nicht verloren hätte? Was, wenn Cleopatra keine so schöne Nase gehabt hätte, um die Römer daran herumzuführen? Denken Sie sich weitere Fragen aus. Es ist ein spannender Zeitvertreib. Eng verwandt mit der Alternativgeschichte ist das belletristische Alternativweltgenre. Einer der berühmtesten Beiträge zu dieser Textgattung stammt vom US-amerikanischen Schriftsteller Philip K. Dick aus dem Jahr 1962. In seinem dunklen Roman *The Man in The High Castle* (*Das Orakel vom Berge*) entwickelt er eine fiktive Gegenwart, in der die USA vom Dritten Reich und Japan besiegt und unter den Siegermächten aufgeteilt wurden. Die tatsächliche historische Entwicklung erscheint dabei als Roman im Roman. Dieser wiederum handelt – aus Sicht der von Dick angenommenen Wirklichkeit – in einer fiktiven Welt, in der die Achsenmächte den Krieg verloren haben.

Die Gründe, Alternativgeschichtsschreibung zu betreiben, sind vielfältig. Angefangen vom gelegentlichen Zeitvertreib bis zur professionellen Methodik finden sich viele Ansätze und Motive. Das didaktische Potential ist dabei trotz der eigentlichen Unwissenschaftlichkeit des Vorgehens enorm. Ergebnis sind meist Erkenntnisse über Kontinuitäten oder Brüche, über Zwänge oder Spielräume in der Geschichte. Alternativgeschichtsschreibung kann uns aufzeigen, wie wechselhaft und zufällig historische Entwicklungen oft verlaufen. Sie lehrt in diesem Sinne Demut, und sie kann Ideologien und Chauvinismen entzaubern, die auf Konzepten einer vermeintlichen historischen Überlegenheit und damit womöglich auch auf einer implizit behaupteten Zwangsläufigkeit von Entwicklungen beruhen. Sie verweist aber auch auf eine Zukunft, die auf einmal sehr viel weniger in Stein gemeißelt und zwangsläufig erscheint. Denn wenn plausible und überzeugende Alternativen zu einer vergangenen Zukunft denkbar werden, so gilt das für die noch vor uns liegende Zukunft ebenso. Wenn es gelingt, alternativgeschichtliche Narrative einer anders gelingenden Gegenwart überzeugend zu beschreiben und dabei plausibel aus den historischen Bezügen herzuleiten, so gälte diese Möglichkeit prinzipiell auch für unsere heutige Zukunft. Allen Pfadabhängigkeitstheorien zum Trotz gilt dann: Zukunft ist immer auch anders gestaltbar, als uns die politischen Apologeten der Alternativlosigkeit weismachen wollen.

Die folgenden Ausführungen sind Spekulation, genährt und illustriert durch das Wissen um die tatsächlichen Entwicklungen. Verändert werden ein oder zwei Details der Technikgeschichte, und es zeigt sich schnell, wie komplex und massiv die Folgen hätten gewesen sein können. Mit Blick auf meine Biographie wird schnell klar, dass es mich sehr wahrscheinlich gar nicht gegeben hätte. Denn wenn nicht nur der Erste, sondern vor allem auch der Zweite Weltkrieg, wenn es ihn denn nach einem anderen Ausgang des Ersten Weltkriegs überhaupt noch gegeben hätte, einen anderen Verlauf genommen hätten, wäre meine Mutter nicht aus Schlesien umgesiedelt worden und hätte deswegen auch meinen Vater in den Wirren der westdeutschen Nachkriegsgesellschaft nicht kennengelernt. Diese Kriege wären womöglich ganz anders verlaufen, weil sie im Unterschied zur tatsächlichen Entwicklung nicht auf dem Einsatz von mobilen, von fossilen Treibstoffen angetriebenen Verbrennungskraftmaschinen für Panzer, LKW und Geländewagen hätten beruhen können. Auch wichtige strategische Entscheidungen innerhalb dieser Kriege wären womöglich anders getroffen worden, etwa weil es beispielsweise kein Teilziel Hitlers gewesen wäre, sich das kaspische Öl dauerhaft sichern zu wollen, wofür er – neben dem Ziel der Lebensraumgewinnung im Osten – Russland den Krieg erklären musste.

Auch wenn es angesichts solcher schnell unüberschaubar werdender Folgen ungeheuerlich und eben nicht vorstellbar erscheint, lesen Sie dieses Kapitel dennoch, mit dem Bemühen um ein gesundes Misstrauen gegenüber Ihrer – wie unser aller – Bereitschaft, *per se* alles das, was ist, als Ergebnis einer uns im Nachhinein folgerichtig, ja geradezu logisch erscheinenden Entwicklung zu betrachten. Versuchen Sie vielmehr, das Ganze, frei nach Adorno, als etwas zu betrachten, was auch ganz anders sein könnte. Oder anders gesagt: Nutzen Sie Ihren »Möglichkeitssinn«. Diese besondere innere Haltung also, die Robert Musil in seinem Roman *Der Mann ohne Eigenschaften* so treffend beschrieben hat, als die Fähigkeit, »alles, was ebenso gut sein könnte, zu denken, und das, was ist, nicht wichtiger zu nehmen als das, was nicht ist« (1994: 16). Bevor Sie weiterlesen – versuchen Sie doch zunächst selbst einmal, sich vorzustellen, was geschehen wäre, wenn die Verbrennungskraftmaschine sich niemals durchgesetzt hätte.

Elektropolis: Ein (fiktiver) Wikipedia-Artikel zur Kulturgeschichte der Elektromobilität

Die Elektrifizierung der Mobilität gilt heute unbestritten als eines der umfangreichsten großtechnischen Entwicklungsprojekte der vergangenen einhundertfünfzig Jahre. Eingebunden in die seit Ende des 19. Jahrhunderts äußerst wirkmächtige Vision der »Elektropolis«, in der die umfassende Elektrifizierung aller energetischen und mechanischen Prozesse und Informationsflüsse als Entwicklungsgrundlage der zukünftigen Weltgesellschaft angesehen wurde, ermöglichte sie die Massenmobilisierung von Personen und Gütern und gilt heute als einer der wichtigsten mobilitätsbezogenen Entwicklungsfaktoren moderner Gesellschaften. Fahrzeuge und Infrastrukturen der Elektromobilität haben bis heute eine breite Typenvarianz und Anwendungsvielfalt ausgebildet und sich tief in die Lebensstile und Mobilitätsgewohnheiten der Kunden eingeprägt. Während bis Mitte des 20. Jahrhunderts vor allem Kohle und Wasserkraft die Primärenergiequellen der Elektrizität waren, werden seit den 80er Jahren des 20. Jahrhunderts vor allem aus Gründen der Dezentralität und energetischen Autonomie auch regenerative Energiequellen immer stärker genutzt. Heute zeigt sich außerdem eine dynamische Entwicklung beim Re-Design der Versorgungsnetze und betrieblichen Infrastrukturen auf Basis digitaltechnologischer Anwendungen. Der Mobilitätssektor gilt hier erneut, ähnlich dem ausgehenden 19. Jahrhundert, als Hauptinnovationsfeld, diesmal für flexible, digital-elektrische Anwendungen und Geschäftsmodelle. Die Verbindung von regenerativer Energieerzeugung, Elektrofahrzeugen und digitalen Betriebskonzepten erlaubt dabei eine bislang nicht mögliche Steigerung der Nutzungseffizienz und die damit verbundene enorme Verringerung des Energie-, Flächen- und Ressourcenverbrauchs. Die informationstechnologische Transformation in der Energiekultur ist damit das transitorische Element der Stadt- und Verkehrsentwicklung des 21. Jahrhunderts. Unter dem Begriff »SunCity« firmiert dabei das Leitbild der postfossilen Rekultivierung der Erde und der Dekarbonisierung der elektrischen Energieflüsse des städtischen Organismus. Das Leitbild der »NetCity« weist dabei den Weg hin zu einer informationsbasierten dezentralen Netzkultur komplementärer Energie- und Datenflüsse.

Historischer Hintergrund

Als charismatischer Visionär, maßgeblicher intellektueller Impulsgeber und wichtigster organisatorischer Wegbereiter der Elektromobilität wie der elektrifizierten Gesellschaft überhaupt gilt bis heute der Erfinder und Unternehmer Thomas Alva Edison. Als »Mr. Electric Car« beeinflusste er mit seinen Erfindungen im Bereich der Batterietechnologie und mit seinen zukunftsweisenden Designkonzepten für elektrisch betriebene Fahrzeuge und Infrastrukturen, allen voran das Elektroauto, das Elektrozweirad und die Elektrifizierung der Eisenbahn und des öffentlichen Verkehrs die Entwicklungen bis weit in das 20. Jahrhundert hinein. Seine unternehmerische Zusammenarbeit mit dem Automobilproduzenten Henry Ford gilt heute als Ursprung der amerikanischen Elektrofahrzeugproduktion. Vor allem aber seine weitreichenden Pläne zum Aufbau eines flächendeckenden, elektrisch betriebenen nordamerikanischen Eisenbahnsystems und seine entsprechenden Beratungsleistungen für die U. S.-amerikanischen Eisenbahnunternehmen und die U. S.-amerikanische Bundesregierung stellten die Weichen für die bis heute wohl modernste Eisenbahnkultur der Welt. Insbesondere das im Zuge des »New Deal« seit Mitte der 1930er Jahre massiv ausgebaute, flächendeckend angelegte und operativ stark integrierte und elektrifizierte Verbundschienennetz geht unmittelbar auf die Pläne Edisons zurück und garantiert, dass bis heute nahezu jeder Ort in den USA mit dem Schienenverkehr erreicht werden kann. Dieser Ausbau der Schieneninfrastruktur war das Kernprojekt des sogenannten Emergency Relief Appropriation Bill, welches der aus der Weltwirtschaftskrise resultierenden schlechten Arbeitsmarktsituation entgegenwirken sollte. Mit ihm wurde 1935 das Budget für Arbeitsbeschaffungsmaßnahmen um 4 Milliarden Dollar aufgestockt und 3,5 Millionen arbeitsfähigen Arbeitslosen eine bezahlte Arbeit angeboten. Zeitgleich arbeitete mit diesen Mitteln auch die ebenfalls 1935 gegründete Rural Electrification Administration, die ländliche Regionen mit günstigem Strom versorgen sollte. 1935 hatten nur 20 % der amerikanischen Farmen Zugang zu Strom, zehn Jahre später lag die Quote bereits bei 90 %. Dieses wurde wiederum eine wichtige Ausgangsbasis für die Elektrifizierung der landwirtschaftlichen Verkehre und den Betrieb elektrischer Fahrzeugflotten für den Personentransport, meist angeboten durch die Public

Transit Unternehmen, die auch den schienengebundenen öffentlichen Verkehr zu organisieren hatten. Der Großteil der individuellen Wege und Transporte in ländlichen Regionen wird seit damals bis heute mit Elektrofahrrädern und anderen Elektroleichtfahrzeugen zurückgelegt. In der Region und in der Mittel- und Langstrecke dominiert bis heute die Eisenbahn das nordamerikanische Verkehrssystem. Es wurde in der Folgezeit zur Blaupause einer idealtypischen Verkehrssystementwicklung und dementsprechend weltweit kopiert.

Mr. Electric Car: Edisons Vision der Elektropolis und der Elektrifizierung der Raumüberwindung

Edisons war nicht nur ein genialer Erfinder und Konstrukteur, ihn zeichnete auch enormer konzeptioneller und systemischer Weitblick aus. Aus dieser Denkweise heraus entwickelte er seine weltweit einflussreiche Vorstellung der »Elektrostadt« als ein elektrisches Gesamtsystem von Stromproduktion, Verteil- und Speicherinfrastruktur und den unterschiedlichsten Anwendungen in der Produktion, dem Wohnen, der urbanen Daseinsvorsorge und der Mobilität. Die Technikgeschichte spricht in solchen Fällen von »system builders«. Die zentrale Leistung dieser Erfinder – die oft genug zugleich dynamische Firmengründer und geschickte politische Lobbyisten zur direkten Umsetzung ihrer Vorstellungen waren – lag dabei nicht so sehr in der Entwicklung eines einzelnen technischen Gerätes, sondern in der »Erfindung« und Umsetzung eines gesamthaften soziotechnischen Betriebs- und Anwendungssystems um diese Erfindung herum. Edison hatte ein lebhaftes Bild vom Design des zu realisierenden elektrischen Gesamtsystems im Kopf, sogar noch bevor die verschiedenen Einzeltechnologien erfunden worden waren. Diese Vision umfasste genaue Vorstellungen von der Versorgung der Haushalte mit Wärme, Licht und Mobilität. Strom sollte das universelle Betriebsmittel des modernen industriellen Lebens werden. Auch um die geplanten Kraftwerke über den ganzen Tag hinweg auszulasten und wirtschaftlich zu betreiben, beschäftigte sich Edison mit der Entwicklung von Motoren und der Elektrifizierung von Schienenfahrzeugen. Er war mit Henry Ford befreundet, der als sein Mitarbeiter seine Karriere begonnen hatte und von ihm dazu ermuntert wurde, sich im Elektroautobau selbständig zu machen. Edisons intensive Beschäftigung mit der Weiterentwicklung der Batterietechnik geht nicht zuletzt auf die Anforderungen im Automobilbau zurück. Die damals bekannten Bleiakkumulatoren waren zu schwer. Nach Vorarbeiten an dem Edison-Lalande-Element und einer langen Entwicklungszeit mit vielen Rückschlägen wurde der Nickel-Eisen-Akkumulator als Lösung perfektioniert. Die Grundlösung war 1904 gefunden und ging in Produktion. Die Edison Storage Battery Company erzielte bereits im ersten Produktionsjahr eine Million Dollar Umsatz, was den damaligen Marktbedarf illustriert. Die zahlreich durchgeführten und sorgfältig dokumentierten Experimente wurden eine wichtige Datenbasis für folgende Generationen von Batterieentwicklern.

Das Elektroauto als Mobilitätsbaustein
der modernen Elektrostadt

Obwohl sich Edison sehr intensiv mit der Eisenbahn auseinandergesetzt hat, in ihr das Rückgrat des US-Transportwesens sah und er nicht zuletzt neben der ökonomischen Rolle immer wieder auch ihre Bedeutung als ein Instrument des in seinen Augen weiterhin nötigen demokratischen »Nation Buildings« des heterogenen föderalen Staates betonte, hatte er für Elektrofahrzeuge, insbesondere für die innerstädtischen Wege, ein besonderes Faible. In seinem Gesamtbild der Elektropolis eingebettet, spielte der städtische Straßenverkehr als eigenständiges, in sich integriertes Supersystem der Mobilität von Personen und Gütern, bei dem er schon damals die Arbeitsteilung zwischen S- und U-Bahnen, Trams und Elektroomnibussen, E-Taxis, Elektrofahrrädern und privaten Elektroautos vorsah, eine besondere Rolle. Die Abkehr von Fußwegen, Handkarren und Kutschen besaß für ihn ein ähnlich emanzipatorisches Potential wie das elektrische Licht, das die mühsame und ungesunde Beleuchtung mit Kerzen und Öllampen überflüssig machen sollte. Hinzu kam, dass er die lautlosen und emissionsfreien Fahrzeuge als die mit den dichten städtischen Lebensbedingungen am ehesten zu vereinbarenden Techniken ansah. Als Edison seine ersten Konzepte für Elektrofahrzeuge entwickelte, waren bereits knapp dreißig Jahre seit ihrer Geburtsstunde vergangen. 1839 wurde das erste Elektrofahrzeug von Robert Anderson in Aberdeen gebaut. Das erste deutsche Elektroauto baute 1888 eine Coburger Maschinenfabrik, die den Flocken Elektrowagen herstellte. Es wird vermutet, dass es sich bei diesem vierrädrigen Elektroauto um den weltweit ersten elektrisch angetriebenen Personenkraftwagen (PKW) handelte. Zunächst wurde die neue Technologie zu einem schnell alltagstauglichen Verkehrsmittel für die höheren Gesellschaftsschichten. Dabei konnte sich das Elektrofahrzeug durch seine hohe Zuverlässigkeit und die leichte Bedienbarkeit auszeichnen. Beide Faktoren spielten sowohl eine entscheidende Rolle für die Ausrichtung der Werbung auf weibliche Kunden und den Markterfolg bei bestimmten Zielgruppen (z. B. Ärzten) als auch der Positionierung des Elektroautos als wirtschaftliche Alternative im Flottenbetrieb. Anwendungsfelder waren insbesondere die Bereiche Taxi-, Feuerwehr- und Stadtreinigungsfahrzeuge. Zudem profitierten die Elektrowagen-Hersteller wiederum von administrativen Regulierungen, wie beispielsweise im Taxigewerbe durch das Verbot der neu am Markt erscheinenden Benzindroschken und die Festschreibung höherer km-Entgelte für Elektrotaxis. Im Flottenbetrieb konnten die hohen Wartungsanforderungen der Batterien kostengünstiger und professioneller realisiert sowie die Entfernungslimitierung durch Batteriewechselanlagen reduziert werden.

Edisons Entwürfe für Elektrofahrzeuge sind legendär. Er entwarf Dreiräder und vierrädrige Pkw, die sich im gesamten Design vom damals noch vorherrschenden Kutschen-Leitbild unterschieden. Seine Fahrzeuge waren völlig neu entworfen und genau auf die jeweiligen Nutzungskontexte ausgerichtet. Neben den Fahrgestellen arbeitete er an der ständigen Verbesserung der Antriebe und der Speicher und favorisierte bald eine Batteriewechseltechnologie, die vor allem im Flottenbetrieb die eingeschränkte Reichweite kompensieren sollte. Überhaupt war die Erweiterung der Reichweite nie das Ziel von Edisons Batterieforschungen, da er die Ansicht vertrat, dass die damals bereits möglichen einhundert Meilen für Städte und urbane Regionen unbedingt ausreichten und für die Mittel- und Langstrecke vom elektrifizierten Eisenbahnverkehr ergänzt wurden. Er entwarf neben Batterien, Schnellladesystemen und Akkumulator-Wechselanlagen auch Betriebskonzepte für den Flottenbetrieb und Zweiräder mit Elektroantrieb. Diese sollten sich später insbesondere in ländlichen Regionen, neben dem beliebten Model E seines Freundes Henry Ford, sehr bewähren.

Eine besondere Aversion verband Edison mit dem Benzinauto, was etwa zeitgleich in Europa erfunden worden war und an dem ebenfalls intensiv weitergearbeitet wurde. Das Benzinauto, so meinte er, sei angesichts der Sauberkeit, Geräuschlosigkeit und vor allem wegen der enormen Effizienz des Elektroantriebs eine absolut unvernünftige Technologie. Zudem sah er massive Schwierigkeiten in der Versorgung mit Treibstoffen, während Strom bald in jedem einzelnen Haushalt verfügbar wäre. Er war nicht allein mit dieser ablehnenden Haltung. Insbesondere die ländliche Bevölkerung konnte den lärmenden, große Staubmengen aufwirbelnden und vor allem die Pferde und das Vieh unruhig machenden Geräten der Autosportler nichts abgewinnen. Edison war in den USA bis zu seinem Tode als Wissenschaftler, Systemdenker, Designer und Politikberater enorm einflussreich und aufgrund seines unternehmerischen Erfolgs auch in der Wirtschaftsbranche sehr angesehen. Man kann sagen, dass er das Benzinauto in den USA mit seiner Popularität fast im Alleingang verhinderte und zugleich mit seinen Konzepten der Elektrostadt vor allem europäische Wissenschaftler und Industrielle wie Emil Rathenau und Werner Siemens stark beeinflusste. So kam es zur Übernahme des amerikanischen Elektrifizierungsleitbildes für die Mobilität auch in Europa und dort vor allem im bald sehr einflussreichen deutschen Reich. Die bis heute weltweit im Verkehrssystem- und Automobilbau dominierenden Firmen Siemens und Bosch haben ihren Ursprung in dieser Zeit.

Sicher ist dieser kurze alternativgeschichtliche Abriss lücken-haft, an mancher Stelle holzschnittartig argumentiert und weniger widersprüchlich, als historische Entwicklungen es ja tatsächlich meistens sind, bis sich ab einem bestimmten Punkt ein klareres Bild herausentwickelt. Dennoch wäre es möglich, von diesen kurzen und experimentellen Inspirationen ausgehend, einen alternativen historischen Entwicklungsweg der Automobilisierung sehr umfassend, plausibel und überzeugend zu beschreiben. Was lässt sich für unsere heutige Situation daraus lernen? Technikgenese spielt sich in einem kulturellen und institutionellen Rahmen ab, dessen Leitplanken in bestimmten historischen Situationen erst konstituiert werden. Dabei spielen einzelne charismatische Akteure mitunter eine ebenso große Rolle wie Stimmungen der Bevölkerung und ökonomische Interessen. Ist aus diesem Setting heraus erst einmal ein stabiler Funktionsraum und ein neues kulturelles Leitbild entstanden, welche eine Technologie bevorzugen und in ihrer weiteren Entwicklung stabilisieren, so haben es Alternativen ab diesem Zeitpunkt sehr schwer, sich zu etablieren bzw. zu koexistieren. Im obigen Szenario hat sich – anders als in der tatsächlichen Entwicklung – der gesellschaftliche, politische und wirtschaftliche Funktionsraum zugunsten des Elektroautos und der Elektromobilität entwickelt, und der Verbrennungsantrieb blieb marginal.

Einhundert Jahre nach diesem ursprünglichen Setting, welches durch weitere Innovationen, systematischen Infrastrukturausbau, die Entwicklung industrieller Cluster, die Etablierung von Nutzungsroutinen und Werthaltungen von Verbrauchern und politischen Entscheidern weiter zugunsten der Elektromobilität geschlossen worden wäre, würde es heute dem Verbrennungsmotor womöglich genauso schwerfallen wie dem E-Auto in unserer Welt, sich entgegen dem Setting dieses großtechnischen Systems zu etablieren. Anders als in den Anfängen der Automobilentwicklung müsste heute der institutionelle und kulturelle Wandel politisch stark flankiert werden. Politik hätte also die Aufgabe, sich bewusst gegen die Interessen der etablierten Akteure des großtechnischen Systems »Elektromobilität« zu richten, um die am Verbrennungsauto interessierten neuen, aber bisher noch marginalisierten Akteure zu stärken. Leider ist die Situation heute in der Wirklichkeit eine andere, das Elektroauto hat es schwer gegenüber dem Verbrennungsauto. Doch immerhin wissen wir, was zu tun ist.

Erster Zwischenstopp:
Das Ende der Automobilität wie wir sie kennen

Es ist ein hinreichend erklärter Sachverhalt, dass die Ausweitung sozioökonomischer Möglichkeitsräume, wie sie auch die voranstehende Auto-Biographie beispielhaft illustriert, mit dem Wachstum des räumlichen Mobilitätsbedarfs einer Gesellschaft in engem Zusammenhang wechselseitiger Beförderung steht. Angesichts der weltweiten demographischen und ökonomischen Entwicklungsdynamik kann die Konsumformel der Mobilität der Zukunft deswegen nur die »De-Materialisierung« aller Lebenszyklen von Mobilitätsprodukten sein. Weil der Ressourcenkuchen gleich bleibt, aber immer mehr Menschen ein möglichst großes Stück davon abbekommen wollen, gilt es, mit einem insgesamt sehr viel geringeren Aufwand an Energie, Ressourcen und Raum ein in den Industrieländern des westlichen Zivilisationstypus pro Kopf mindestens gleichbleibendes, global betrachtet aber noch stark weiter wachsendes Niveau an Mobilität zu generieren.

Politisch kommt damit einiges auf uns zu. Die historischen Betrachtungen sollten auch zeigen, dass und wie sehr wir modernen Menschen in einer »gemachten«, einer vorformatierten und zugerichteten Welt leben. Der Mensch hat sein Lebensumfeld in Auseinandersetzung mit den Gegebenheiten seiner inneren und äußeren Natur gestaltet, geformt, geprägt und festgeschrieben. Jeder einmal verbaute Stein, jeder Meter Asphalt, jede Tonne Schienenstahl, jeder Hafen, Flugplatz, Bahnhof, jede Produktionsanlage und jede Siedlung werden damit zum Datum jeder weiteren zukünftigen Entwicklung. Gleiches gilt für die mentalen Dispositionen des modernen Menschen. Jede wiederkehrende Handlungsweise, jeder wiederkehrende Gedanke und jede stetig erregende Emotion trägt zur Ausprägung mentaler Muster bei, und diese Muster werden umso stabiler und dementsprechend resistenter gegen Veränderungsbemühungen, je häufiger diese Handlungen ausgeführt, diese Gedanken gedacht, diese Emotionen empfunden und je mehr Generationen in ihrem Sinne sozialisiert wurden. Handlungen werden Gewohnheiten, Gewohnheiten zu Interessen, und Interessen gerinnen irgendwann zu Institutionen, die mitunter beharrungsmächtiger und stabiler sein können als eine stählerne Infrastruktur. Auch in diesem nicht-materiellen Sinne haben die Anfänge eine große Macht über die Zukunft.

Die einfache, gleichwohl nicht triviale Folge davon ist, dass Politiken zur Öffnung und Erweiterung von Möglichkeitsräumen der (Auto-)Mobilität prinzipiell einfacher zu legitimieren waren und sind als Politiken ihrer Veränderung bzw. Einschränkung, da diese bei den Politikbetroffenen mental auf ein etabliertes Anspruchs- und Erwartungsniveau und materiell-ökonomisch auf Abhängigkeitsstrukturen treffen. Diese werden beispielsweise dort sofort sichtbar, wo in suburbanen und ländlichen Siedlungsstrukturen bei substantiellen Benzinpreissteigerungen ganze Lebensentwürfe ins Wanken geraten könnten. Anders ausgedrückt: Ein Verkehrssystem, das einmal existiert, kann nicht ohne weiteres stark verändert oder sogar beseitigt und durch ein neues ersetzt werden. Unmöglich hingegen ist es auch nicht.

Schaut man sich beispielsweise die Biographie von Carl Benz und die ihn prägende Epoche genauer an, so lassen sich verschiedene Dinge lernen, die für eine transformative Mobilitätspolitik in der Gegenwart noch Bestand haben. Erstens ist eine Erfindung leichter gemacht, als dieser Erfindung dann auch zu einem großen Durchbruch zu verhelfen. Dieser Unterschied zwischen der Invention – der Erfindung – und der Innovation, also der gesellschaftsweiten Durchsetzung einer Neuerung, wird immer wieder verwischt. Deswegen bedarf es zweitens einer möglichst zugkräftigen Vision, die zwar von einem Einzelnen ausgehen kann, aber möglichst bald von vielen anderen geteilt und weitergetragen werden sollte. Drittens schließlich muss die Zeit »reif sein« für eine neue Entwicklung. Anders gesagt: Das Automobil fiel damals nicht vom Himmel, sondern war trotz aller anfänglichen Schwierigkeiten sich durchzusetzen, ein geradezu paradigmatischer Ausdruck einer Gesellschaft, die sich in Bewegung setzen wollte und musste. Das ist auch heute wieder so. Wir haben eine starke technologische Inventionsdynamik und eine Zeit, die »reif ist« für Veränderungen.

Wie steht es nun mit der dritten Bedingung, den gesellschaftsweit teilbaren Visionen einer besseren, einer nachhaltigen und postfossilen Mobilität? Heute spielen sogenannte weiche Faktoren wie Symboliken, Bilder, emotionale Zugänge und Erzählungen einer anders gelingenden Alltagskultur der Mobilität womöglich eine ebenso große innovationspolitische Rolle wie die »harten Faktoren« politischer, technischer und ökonomischer Rahmenbedingungen. Anders gesagt: Wer politisch einen Paradigmenwechsel in der Mobilitätskultur erzeugen will, muss sich aktiv an der Entstehung und Verbreitung eines neuen kulturellen und technologischen Leitbildes der Mobilität beteiligen, er muss eine attraktive Geschichte erzählen. Dieser Gedanke wird später, mit drei Szenarien im letzten Kapitel dieses Buches, wieder aufgegriffen.

Wir können nun das »Was-wäre-gewesen-wenn-Spiel« der Alternativgeschichte noch ein wenig weiterspielen und nach den betriebs-, volks- und weltwirtschaftlichen Effekten und geopolitischen Folgen einer nicht entstandenen fossilen Automobilkultur fragen. Der größte Teil des weltweit geförderten Erdöls und der daraus gewonnenen Treibstoffe wird heute vom Verkehr verbraucht. Davon wiederum entfällt der weitaus größte Teil auf den fossilen Straßenverkehr von Personen- und Lastkraftwagen. Der Verkehr war fast von Beginn an der Hauptabnehmer der Mineralölbranche. Mineralölproduktion und Automobilkultur, mithin die entsprechenden Branchenstrukturen und Kapitalanlagen, entwickelten sich miteinander. Was wäre also gewesen, wenn – z. B. durch das beschriebene Elektrifizierungsszenario – das Entstehen einer derartigen massiven Nachfrage nach Erdöl gar nicht erst nötig geworden wäre? Wie hätten sich die heute erdölexportierenden Länder entwickelt, insbesondere in der Region des Nahen- und Mittleren Ostens? Wäre die Region und damit die Welt heute womöglich friedlicher und sicherer? Angesichts der tatsächlichen Geopolitik des Erdöls, wie sie sich in den vergangenen einhundert Jahren beobachten lässt, spricht einiges dafür, dass wir heute weniger Probleme hätten, wenn nicht die Suche und Sucht nach Erdöl, angetrieben und überformt von massiven ökonomischen Interessen von Branchen und Staaten, immer wieder zu massiven Konflikten geführt hätten und weiterhin führen.

Davon handelt das folgende Kapitel. In ihm wird argumentiert, dass eine Schubumkehr in der Mobilität als Teil der Energie- und Klimawende nicht nur massive ökologische Vorteile und Entlastungen mit sich bringen würde, sondern auch eine klare geopolitische Dividende. Mit anderen Worten: Nicht nur die Sache der Nachhaltigkeit fordert eine Kehrtwende in der Automobil- und Verkehrspolitik, sondern auch und vor allem die des Weltfriedens und der Migration.

4. BIG OIL – DAS AUTO UND DER UNTERGANG DES MORGENLANDS

It's the Petroleum, Stupid!

»Eines ist vollkommen klar: Die ganze westliche Welt hat Afrika in früheren Epochen Entwicklungschancen geraubt, und zwar über Jahrhunderte. Wenn Sie sich die Grenzziehungen in Afrika anschauen, müssen Sie zugeben, dass das in vielen Fällen zumindest eine schwere Last für die heutige Entwicklung ist. Grenzen wurden nach den Interessen der Europäer oder aufgrund von Rohstoffvorkommen gezogen und nicht nach dem Kriterium, ob Völker oder Stämme zusammenleben und ob sich daraus homogene Staaten entwickeln können« (Angela Merkel im Interview mit der ZEIT vom 6. Oktober 2016).

Nicht das Abendland ist in Gefahr, wie der Kulturhistoriker Oswald Spengler seine Zeitdiagnose im Diktum vom *Untergang des Abendlandes* vor knapp einhundert Jahren auf eine zugespitzte Formulierung brachte. Nein, heute ist es das Morgenland, und sein Niedergang ist seit vielen Jahrzehnten so chronisch und perspektivlos, dass diese Krise auch für uns europäische Beobachter schon habituell geworden ist. Mit Morgenland sind hier die Erdteile bezeichnet, die von Europa aus betrachtet in Richtung der aufgehenden Sonne liegen (»gen Morgen«), gemeint ist speziell der Nahe und Mittlere Osten. Man kann aufgrund der engen kulturellen und ökonomischen Verflechtungen in einer etwas großzügigeren Interpretation auch die arabisch-islamisch geprägten nordafrikanischen Gesellschaften dazu zählen. Diese Landmasse ist in etwa deckungsgleich mit dem ehemaligen Osmanischen Reich, das vom heutigen Bosnien bis zum Süden des Irak, vom Kaukasus, über die arabische Halbinsel bis hin zu den nordafrikanischen Ländern reichte.

Auch wenn die abendländische Volksseele angesichts der anwachsenden Einwanderung die islamische Überfremdung befürchtet, so müssen wir uns doch eher Sorgen machen um die Heimat, in der sie nicht länger leben können und wollen: eben den Nahen und Mittleren Osten und zunehmend auch Afrika. Es mag auf den ersten Blick überraschend erscheinen, dass dieses Thema in einem Buch über die Mobilität der Zukunft behandelt wird. Bei näherer Betrachtung wird deutlich, wie eng die Verbindung ist zwischen unseren treibstoffsüchtigen Automobilflotten und Militärapparaten und der jahrzehntelangen Destabilisierung des Morgenlandes durch neoimperiale Ressourcensicherungspolitik der westlichen Industrieländer, angeführt durch die Militärmächte der USA, Großbritanniens und Frankreichs und moralisch häufig flankiert bzw. verschleiert von einem gleichermaßen hochmütigen wie scheinheiligen demokratischen Sendungsbewusstsein. Mehr als ein Jahrhundert ökonomischer, politischer und sozialer Deformationen des Nahen und Mittleren Ostens wie auch Zentralasiens leisteten keinen geringen Beitrag zur Entstehung eines gesellschaftlichen Protestpotentials, das wiederum Nährboden islamistischen Terrors wurde und sicher auch zum historischen Hintergrund der arabischen Verwerfungen seit den 2010er Jahren zu zählen ist. Die zugespitzte These lautet also: Der schleunige Ausstieg aus der Ökonomie des Erdöls und der militärischen Sicherung des Zugangs zu den Quellen und der Transportwege ist die Minimalbedingung für eine Chance auf Frieden im Nahen und Mittleren Osten. Diese umzusetzen wird nicht von heute auf morgen alle Probleme lösen können, aber ohne ihre Umsetzung wird überhaupt nichts gelingen. Dieser Ausstieg setzt im Kern wiederum den Ausstieg aus der Technologie des Verbrennungsmotors voraus. Ein theoretisch im Grunde recht schlichtes Vorhaben, in der Realität aber unendlich schwer.

Im Folgenden wird der Zusammenhang von (Auto-)Mobilität und Erdölkultur von seinen Anfängen bis heute so knapp wie möglich und unter Verweis auf weiterführende Literatur nachgezeichnet.

19. Jahrhundert: Die Büchse der Pandora der fossilen Epoche wird geöffnet

Daniele Ganser datiert den Beginn der Welterdölgeschichte in seinem empfehlenswerten Buch über *Europa im Erdölrausch* (2014) auf das Jahr 1859 mit dem Beginn der industriellen Erdölförderung im Staat Pennsylvania in den USA. Schnell war klar, dass das Petroleum, wie man es damals noch nannte, als Brennstoff für Beleuchtungszwecke eine enorme Nachfrage erfahren würde. Ursprünglich spielte Öl also nicht für die Mobilität, sondern zunächst für die Demokratisierung des Zugangs zu Licht und damit zu mehr »nutzbarer« Lebens- und Freizeit auch für die breiten Massen eine große Rolle und führte 1870 zur Gründung der Standard Oil Company, die Vorgängerin der heutigen ExxonMobile, durch John D. Rockefeller. Bald zog Europa nach, und vor allem Robert und Ludwig Nobel, die Brüder des späteren Stifters des Nobelpreises Alfred Nobel, machten Baku bald zum Zentrum der jungen europäischen Erdölförderung.

Der erste bedeutende Schritt zur Revolutionierung der Verkehrstechnologien durch das Erdöl kam mit dem Interesse des Militärs an dem jungen Treibstoff. Als klarwurde, dass die mit Schweröl angetriebenen Kriegsschiffe schneller und weiter fahren konnten als diejenigen mit Kohleturbinen, war die Büchse der Pandora der fossilen Epoche endgültig geöffnet. Vor allem Großbritannien, damals die führende Kolonialmacht, hatte großes Interesse, seine Vorherrschaft auf den Weltmeeren zu erhalten und sich gegenüber den kolonialen Großmachtambitionen des deutschen Kaiserreiches einen Vorsprung zu verschaffen. So war es eine der ersten Amtshandlungen des Marineministers Churchill, die Umrüstung der britischen Flotte auf Dieselaggregate einzuleiten. Damit wurde die Frage des günstigen und sicheren Zugangs zu Erdölquellen zur Existenzfrage des britischen Weltreiches. Die Suche und spätere Entdeckung von Erdöl in Persien im Jahr 1908 wurde deswegen von der britischen Regierung massiv unterstützt und mündete schließlich in der Gründung der »Anglo-Persian Oil Company«, einer seit 1914 staatlich kontrollierten Erdölfirma, mit dem Ziel, die maritime Vorherrschaft der britischen Flotte durch den neuen Treibstoff abzusichern.

Währenddessen suchte Deutschland den Zugang zum Erdöl im heutigen Irak, damals noch Teil des Osmanischen Reiches, über den Landweg und begann mit Planung und Bau der Bagdadbahn, welche später als das wichtigste und aufwendigste Infrastrukturprojekt des deutschen Imperialismus bezeichnet wurde. Deutsche Geologen hatten in der Nähe von Mossul und Bagdad bereits Erdöl entdeckt. Der geplante Verlauf des letzten Teilstücks der Bagdadbahn sollte mitten in ein Gebiet führen, in dem riesige Erdölvorkommen vermutet wurden. Kein Wunder also, dass die Briten angesichts der wachsenden Spannungen mit dem Deutschen Reich immer größere Sorge trugen, ihre militärische Vormachtstellung spätestens dann zu verlieren, wenn auch Deutschland uneingeschränkten Zugang zu Öl haben würde. Robert Laffan, damals britischer Militärberater in Serbien, glaubte dementsprechend, die Bahn gefährde das britische Imperium: Würde die Bagdadbahn zu Ende gebaut, so Laffan, »wäre ein riesiges Gebiet, in dem jeder erdenkliche wirtschaftliche Reichtum hergestellt werden könnte, das aber für eine Seemacht unangreifbar wäre, unter deutsche Kontrolle geraten«. Ein Blick auf die Weltkarte zeige, so Laffan weiter, »aus welchen Gliedern sich die Kette der Staaten zusammensetzt, die zwischen Berlin und Bagdad liegen: Deutschland, Österreich, Ungarn, Bulgarien und die Türkei. Nur ein kleiner Gebietsstreifen verhindert, dass die beiden Enden der Kette miteinander verbunden werden können, dieser Teil ist Serbien« (1989, zit. nach Ganser). Wenig später wurde Serbien der Schauplatz für den Mord am österreichischen Thronfolger Franz Ferdinand, der als Auslöser des Ersten Weltkrieges gilt. Die Bagdadbahn wurde nie fertig gebaut. Ein Schelm, wer Arges dabei denkt? Sicher ist eine solche, rein erdölpolitisch hergeleitete Begründung der Kriegsursachen viel zu kurz gegriffen angesichts der Komplexität und vielfältig sich überlagernden Interessenlagen der damaligen Kontrahenten. Doch eine wichtige Rolle bei der Mitverursachung des Krieges mag die Sicherung des Erdölzugangs sehr wohl gespielt haben. Der Ausbruch des Krieges brachte jedenfalls die lange erwartete Konfrontation der imperialen Mächte, noch bevor das Deutsche Reich ungehinderten Zugang zum Öl hatte. »Es ging nicht nur darum, einen aufsteigenden industriellen Rivalen aus dem Feld zu schlagen«, sondern man wollte sich »durch Eroberungen und territoriale Neuordnung nach dem Krieg vor allem die uneingeschränkte Kontrolle über die wichtigsten Lagerstätten des strategischen Rohstoffs der Zukunft sichern«. (Ebd.) Und genau das tat Großbritannien, indem es sofort nach Kriegsbeginn dem Osmanischen Reich den Krieg erklärte. 1914 eroberten die Briten Basra, 1917 Bagdad. Damit war der Weg frei zu den Gebieten, in denen Öl zu finden war. Auch die Verlaufsformen des Ersten Weltkrieges brachten den traurigen Beweis, wie sehr das Erdöl die militärischen Kräfteverhältnisse verändert hatte: Es revolutionierte die Kriegsführung mit fossil angetriebenen Lastkraftwagen, Flugzeugen und Panzern, es ermöglichte die Industrialisierung des Krieges mit entsprechend schrecklichen Opferzahlen auf beiden Seiten. Während Deutschland, Russland und Österreich-Ungarn nach dem Krieg so geschwächt waren, dass sie zunächst aus dem Spiel waren, wurde der gesamte Nahe und Mittlere Osten für viele Jahrzehnte britisch-französisches Einflussgebiet, was im sogenannten Sykes-Picot-Geheimabkommen vertraglich festgelegt wurde.

Das Erdöl und die Geopolitik des 20. Jahrhunderts oder:
»How the Americans and British fucked up the Middle East
and happily continue to do so.«[*]

Moderne Mobilität ist fossile Mobilität. Seit der Industriellen Revolution erfolgte die Bereitstellung der Energie für Raumüberwindung fast ausschließlich durch Kohle, später durch Erdöl, Gas und deren Derivate. Erst die enorme Dichte der darin gebundenen Primärenergie ermöglichte eine zivilisatorisch bis dahin völlig unbekannte Beschleunigung und Entgrenzung und wurde damit bis zum heutigen Tage zum zentralen Erfolgsfaktor der modernen arbeitsteiligen Wirtschafts- und Lebensweise. Man kann durchaus sagen: Ohne die Potentiale der fossilen Mobilität wäre die Entwicklung der modernen Gesellschaft und der damit verbundenen Umwälzungen in allen Lebensbereichen gar nicht möglich gewesen. R. Buckminster Fuller hat in seinem Essay »Bedienungsanleitung für das Raumschiff Erde« bereits 1969 (1973) ein diesen Zusammenhang treffendes Gleichnis aufgestellt: Fossile Energie sei die der Menschheit von Gott mitgegebene »Anlasserbatterie«, damit sie auf einem zivilisatorisch und technologisch hochentwickelten Niveau den Hauptmotor des Raumschiffs in Gang bringen könne. Fuller drängte, endlich den Hauptmotor zu zünden, um dauerhaft fahren zu können. Fullers Bild verweist auf die logisch einzig mögliche Alternative zur jetzigen Situation: die vollständige Umstellung unserer gesellschaftlichen Primärenergieproduktion auf eine regenerative, damit also letztlich solare Basis. Heute fahren wir das Raumschiff allerdings immer noch mit dem Anlasser, dessen fossile Energiereserven sich immer weiter leeren und deren Erschließung zugleich immer teurer und ökologisch riskanter wird.

[*] Michael Lüders (2015: 7)

Genau hier liegen die über die Folgen des Klimawandels womöglich noch weit hinausgehenden Gefahren unserer Abhängigkeit vom Erdöl: Die zukünftig stetig intensiver werdende Verteilungskonkurrenz innerhalb der – nicht nur für die Aufrechterhaltung ihres zentralen Koordinationsmechanismus, dem Transportsystem, fast vollständig vom Ölverbrauch abhängigen – Weltgesellschaft birgt die strukturelle Gefahr geopolitischer und ökonomischer Verwerfungen so großen und drastischen Ausmaßes, dass es zu einer dauerhaften Destabilisierung des Weltfriedens und der sozialen Sicherheit auf allen Ebenen kommen kann. Diese Gefahren werden trotz der aktuellen Situation in der Levante im Hinblick auf ihre schon heute große Eintrittswahrscheinlichkeit und Wirkungsmacht nach wie vor völlig unterschätzt. Ihr Eintreten würde uns letztlich auch im Klimaschutz vollends scheitern lassen.

Transport ist das Herz-Kreislauf-System, das große, alles verbindende und unverzichtbare Organ des Gesellschaftskörpers. Heute gehen etwa 60 Prozent, für 2030 erwartete 64 Prozent des weltweiten Verbrauchs von Erdöl auf das Konto des Transportsektors, in einigen Regionen sogar noch mehr. 98 Prozent des europäischen Transportsektors basiert auf Erdölnutzung. Einige der bedeutendsten westlichen Interventionen, Konflikte und Kriege des 20. Jahrhunderts und der jüngeren Vergangenheit – angefangen beim Sturz Mossadeghs 1953 im Iran, welcher die Triebe der jungen Demokratie zerstörte, über die drei Golfkriege, die den Irak als heutigen Vasallenstaat des Iran hinterließen, bis hin zur verworrenen Situation in Syrien – wurden zu einem signifikanten Anteil also darum geführt, den Lebensmotor nicht nur unserer westlichen Gesellschaften am Leben zu halten. Wegen dieser strategisch so äußerst zentralen Rolle der fossilen Mobilität werden so große Risiken eingegangen und Kosten getragen, und deswegen spielt sie eine so zentrale Rolle als Ankerpunkt für energiepolitische Transformationsstrategien. Konservativ geschätzt hat die USA zwischen 1999 bis 2003 allein für die Aufrechterhaltung ihrer militärischen Präsenz in der Golfregion 600 Milliarden Dollar aufgewendet. Großbritannien unterhielt seit Anfang der 90er Jahre militärische Kräfte in der Golfregion, die jährlich mehrere Milliarden Dollar kosteten. Die unmittelbaren Kriegskosten der sogenannten Golfkriege sind hier noch gar nicht berücksichtigt. Auch China tritt immer häufiger in seiner unseligen Rolle als Erdölimporteur auf, der zur Sicherung von Ressourcenzugängen nicht davor zurückschreckt, beispielsweise in Afrika Menschenrechtsverletzungen totalitärer Regime militärisch und finanziell ebenso zu unterstützen wie die USA (vgl. dazu Caparros 2015: 627 ff. und Ziegler 2009: 151).

Selbst einflussreiche konservative Intellektuelle, wie der ehemalige Chef der amerikanischen Zentralbank Alan Greenspan, geben heute unverblümt zu, dass Erdöl der zentrale Grund für die Kriege im Irak und andere US-Interventionen war. Ehemalige Generäle und Geheimdienstmitarbeiter sprechen es ähnlich offen aus: Erdöl war und ist nach wie vor eine weltpolitische Triebkraft erster Ordnung. In der Geschichte der Außenpolitik ist es kein Geheimnis, dass der geopolitische Wandel des 19. und 20. Jahrhunderts, insbesondere im Nahen und Mittleren Osten und Zentralasien, vor allem durch das Streben um den Zugang zu Energieressourcen angetrieben und ohne Rücksicht auf den Verlauf ethnisch-religiöser Grenzverläufe umgesetzt wurde. So wurden – das ist bis heute das Kernproblem – in den gemäß der westlichen Ölinteressen zugeschnittenen Kunststaaten Bevölkerungsgruppen und religiöse Orientierungen zusammengezwungen, die nicht zusammengehörten und auch auf Dauer nicht zusammenfanden. Dieser ursprüngliche Sündenfall des Sykes-Picot-Abkommens wurde in den Jahrzehnten danach nur noch mehr und mehr verschärft durch eine wenig durchdachte, oft aus dem Moment heraus betriebene Politik der militärischen Interventionen: die Bewaffnung von Rebellen, der von außen betriebene Sturz von Regimen, die Zerschlagung von Staatsstrukturen ohne einen Plan, was Besseres an diese Stelle treten könnte.[*]

Hinzu kommt der von Ölinteressen getragene westliche Pakt mit Teilen der arabischen Eliten, allen voran aber mit denen Saudi-Arabiens und damit mit einem extrem fundamentalistischen Islam, der saudischen Spielart der wahabitischen Glaubenslehre. Der Ölpakt setzt Saudi-Arabien finanziell in die Lage, radikalislamische Strömungen, darunter auch den IS, finanziell zu unterstützen. Paradoxerweise kooperiert der Westen also in unverblümter Bigotterie gerade mit jenem diktatorischen Regime, welches als einer der größten Finanziers des globalen islamistischen Terrors fungiert und untermauert diesen perversen Pakt sogar noch mit ausgiebigen Waffenlieferungen. Die Tatsache, dass heute zwei Drittel der weltweiten flüssigen, d. h. im Vergleich zu Ölsänden und Ölschiefern leicht und billig zu fördernden Erdölreserven, in der geopolitisch hochproblematischen Golfregion, insbesondere in Saudi-Arabien und im Irak und Iran liegen, wird auch von den Mineralölunternehmen in ihren Verfügbarkeitsprognosen systematisch nicht mit in Anschlag gebracht. Die Einbeziehung dieser geopolitischen Variabel in die Kostenprospektionen, ggf. als versicherungsmathematische Risikokalkulation, würde die Diskussionen um Verfügbarkeit und Versorgungssicherheit nicht nur ökonomisch, sondern auch moralisch sogleich auf eine völlig andere Basis stellen.

Wichtig ist also zu erkennen, dass die Energiefrage auch in Sachen Frieden und Migration eine globale Schicksalsfrage ist. Daraus folgt, dass die Mobilität im Bereich der Abwehr der geopolitischen Gefahren der Erdölabhängigkeit eine der

[*] Zur Geschichte der westlichen Einflussnahme im Orient vgl. neben dem oben erwähnten Ganser (2014) auch Seifert / Werner (2005), Lüders 2015 und Ruf (2016). Zum vertiefenden Verständnis der Geschichte des arabischen Raums und des Islams und weiterer »endogener« Entwicklungshemmnisse der Region vgl. Tibi (1985, 1991), Schweizer (2015) und Rogan (2012).

zentralen Stellschrauben für Interventionen darstellt. Die jetzt schon enorme und für die Zukunft ganz sicher noch drastischer zu erwartende Zuspitzung der Konflikte um Energieverfügbarkeit und damit die geo- und sicherheitspolitische Dimension der Destabilisierung der sozialen Systeme weltweit verweist selbst bei unaufgeregter, eben gerade nicht-normativer Betrachtung auf die unbedingte Notwendigkeit, den Übergang in eine postfossile Energiekultur im Allgemeinen und die postfossile Mobilität im Besonderen mit großer Dringlichkeit in Angriff zu nehmen. Denn auch die nächsten Zeitbomben ticken bereits: Das ist die zunehmende Erdölförderung in Afrika, die schon heute zur anwachsenden Migration aus den betroffenen Ländern nach Europa beiträgt; und es sind die nach wie vor laufenden »New Great Games« um die Sicherung des Zugangs zum Erdöl der Region um das Kaspische Meer und neuerdings auch in der Tiefsee und den arktischen Regionen.[*]

Das 21. Jahrhundert: Untergang des Morgenlandes oder Aufbruch in eine friedliche Zukunft?

Betrachtet man die Situation des Morgenlandes, so zeigten die Zeichen wohl noch nie so klar in Richtung weiterer Zuspitzungen und Verwerfungen. Der Aufbruch in eine friedliche Zukunft liegt heute in weiter Ferne. Immer deutlicher schält sich dabei der Antagonismus zwischen den beiden großen Regionalmächten Saudi-Arabien und Iran als der entscheidende, im Hintergrund schwelende Zentralkonflikt heraus. Die verworrene Dynamik der Entwicklung der Geschehnisse in Syrien und im Irak, die Aktivitäten des IS, der Bürgerkrieg im Jemen und der israelisch-palästinensische

---

[*] Vgl. dazu vertiefend Klevemann 2002, Seidler 2009 und Zierul 2010.

Konflikt lassen sich nur verstehen, wenn man erkennt, dass in der Region heute zwei mehr oder minder fundamentalistische Diktaturen, die eine schiitisch, die andere sunnitisch geprägt, in Stellvertreterkonflikten um die Vorherrschaft in der Region ringen und dabei versuchen, ihre innenpolitische Stabilität zu erhalten und zu mehren, während sie die ihres Gegners versuchen ins Wanken zu bringen. Die Abhängigkeit dieser Länder vom Ölexport und ihre ökonomischen Monostrukturen machen sie zugleich wenig widerstandsfähig gegenüber Preisschwankungen und etwaigen Sanktionen. Galt in Saudi-Arabien lange die Formel Wohlstand für Wohlverhalten gegenüber der Diktatur, so gerät dieses innenpolitische Bündnis in Zeiten hoher Volatilität der Ölmärkte zunehmend unter Druck. Dieses geschieht in einer Zeit, in der das schiitische Regime im Iran Morgenluft wittert und zunächst befreit vom erdrückenden Embargo, für dessen Beendigung die eigenen Atomwaffenpläne aufgegeben wurden, massive ökonomische und militärische Interventionen in der Region wagt, insbesondere im Irak, in Syrien und im Libanon, und dabei auf unkonventionelle, bis vor kurzem kaum denkbare Bündnisse mit Russland und der Türkei bauen kann. Erklärtes Ziel einflussreicher Gruppen im Iran wie den Revolutionsgarden ist die Etablierung eines geschlossenen schiitischen Herrschaftsgebietes vom Mittelmeer bis an den Golf, auch als schiitischer Halbmond bezeichnet. Erst recht vor dem Hintergrund des Präsidentenwechsels in den USA ist im Moment völlig offen, in welche Richtung sich die Region entwickeln wird. Klar ist aber: Solange die Gesellschaften der Welt – hier steht nach wie vor der Westen im Vordergrund, aber auch China wird sehr wahrscheinlich in Zukunft getrieben durch das rasant wachsende Interesse am sicheren und günstigen Zugang zu Erdöl sich verstärkt einmischen – ihre Politik gegenüber der Region weiterhin durch die Brille ihres jeweiligen nationalen Interesses am Erdöl – oder aufgrund anderweitiger geopolitischer Interessen, so wie Russland – entwerfen und betreiben, so widersprüchlich, so bigott und unaufrichtig wie das bislang in der Geschichte der Fall war, wird es keinen Frieden in der Region geben können. Fest steht auch, dass die Wirtschafts- und Gesellschaftsmodelle der beiden großen Regionalmächte in einer Weise zu wanken beginnen, auf die nur mehr Demokratie, weltanschauliche und religiöse Toleranz und wirtschaftliche Diversifikation und Loslösung vom Öleinkommen langfristig tragende Antworten sein können. Im Gegenteil aber versuchen die Herrschaftscliquen dieser Regime von den inneren Konflikten abzulenken, indem Bedrohungen von außen inszeniert, stilisiert und zur weiteren Radikalisierung der Mehrheitsbevölkerung oder zur Begründung der Unterdrückung von Minderheiten genutzt werden. So hat noch jede Diktatur in der Geschichte versucht, das Fremde gegenüber dem eigenen Regime in Stellung zu bringen. Dummerweise hat der Westen in der Geschichte genügend Gründe zur ideologischen Munitionierung dieser Regime geliefert und tut es noch immer.

5. BIG FOOT – DIE STADT UND DAS STEH-ZEUG

>»Today, parking is about so much more than storing cars. It's central to the creation of livable, walkable communities. It's about cars, bikes, mass transit, mobility, and connecting people to places.« (Shawn Conrad, CAE Executive Director International Parking Institute)

Das Ideal der Automobilität ist geprägt vom Bild fließender Verkehrsströme. Ungehindert durch landschaftliche und städtebauliche Widerstände sollen Fahrzeuge ihr schnelles Fortkommen finden. Allerdings funktioniert das nicht so richtig, denn Staus mit einer Gesamtlänge von nunmehr knapp 1,4 Mio. Kilometern wurden 2016 allein auf den deutschen Autobahnen gemessen. Ein neuer Höhepunkt. Erst recht fristet daneben das weniger schillernde Gegenstück des »fließenden Verkehrs« seine ungeliebte Existenz: Der »ruhende Verkehr«, vulgo das »Parken« gehört zu den lästigen Begleiterscheinungen der Automobilität, denn es fehlt der Platz. Auch alternative Antriebe werden den enormen Raumverbrauch der Automobilität nicht mildern. Denn auch wenn die Autos »grüner« werden, so werden sie doch nicht viel kleiner.

Eine Blechplatte liegt auf den Städten

Während die Einwohnerzahlen vieler deutscher Städte weiter zunehmen, bleiben die verfügbaren öffentlichen Flächen innerhalb der städtischen Topographien meist gleich groß. Dadurch wird Raum zu einer immer knapperen Ressource. Wobei der »Fußabdruck«, also der spezifische Raumbedarf der jeweiligen Verkehrsarten, so extrem ungleich ist, dass man von der Kolonialisierung der Stadt durch das Auto sprechen könnte. Das Auto ist gewissermaßen der »Big Foot« unter den Mobilitätstechniken. Wo es auftaucht, wächst kein Gras mehr: Die Forschungsgesellschaft Mobilität Austrian Mobility Research hat 2011 für die Stadt Graz einen Flächensplit von verschiedenen Arten des ruhenden Verkehrs erhoben (FGM-AMOR 2015), die prinzipiell auf weite Teile Europas übertragbar sein dürfte. Demnach beanspruchen Radabstellflächen zwei Prozent der Flächen im öffentlichen Raum, drei Prozent entfallen auf den ruhenden öffentlichen Verkehr (Haltestellen und Bahnhöfe), ebenfalls drei Prozent auf den ruhenden Fußgängerverkehr (Straßencafés, Parkbänke etc.) und letztlich 92 Prozent auf das Parken von Kraftfahrzeugen im Straßenraum, von denen im Durchschnitt jedes etwa 12qm benötigt. Darin ist der Straßenraum für den fließenden Verkehr noch gar nicht mit einbezogen. Auch dieser wird klar vom Auto dominiert, und zwar umso mehr, je höher die Geschwindigkeiten sind: Bei langsamer Fahrt benötigt ein Auto etwa 60qm, um sicher zu verkehren, bei Tempo 50 sogar mehr als das Doppelte. Demgegenüber benötigt ein Radler nur etwa 40qm. Hinzu kommt: Jeder motorisierte Europäer benutzt im Durchschnitt täglich zwei bis fünf Stellplätze. Im Durchschnitt steht ein Pkw dabei 23 Stunden am Tag im öffentlichen Raum oder auf privaten Grundstücken. Es ist also seinem eigentlichen Wesen nach genau genommen mehr ein Steh-Zeug als ein Fahrzeug.

Eine Analyse der weltweiten Parkraumsituation aus Nutzersicht bietet die IBM Global Parking Survey (IBM 2011a; IBM 2011b). Die mit über 8000 Personen in 20 Städten auf sechs Kontinenten durchgeführte Umfrage zum Thema Parken zeigt, dass sich die Autofahrer in allen untersuchten Städten dem täglichen Kampf um einen Parkplatz stellen müssen. Die Autoren mutmaßen, dass über 30 Prozent des innerstädtischen Straßenverkehrs durch Parksuchverkehre verursacht wird. In anderen Studien wird dieser Wert für einzelne Städte und Stadtteile sogar auf 50 Prozent geschätzt (z. B. Brooklyn), zeitweise – wie beispielsweise an Adventssamstagen – sogar auf Spitzenwerte von 90 Prozent (Siemens 2011: 12, Weinberger et al. 2012: 10). Dabei ist festzustellen: Wo das Parken am Straßenrand billig und daher begehrt ist, hat der Parkplatzsuchverkehr oft einen erstaunlich großen Anteil am gesamten Verkehrsaufkommen. Die Chance auf einen kostenfreien Parkplatz verleitet zum mehrfachen Umrunden entsprechender Straßenabschnitte. Die ineffizienten Parksysteme führen damit nicht nur zu Staus und erhöhten Emissionen, sondern haben auch hohe Zeitverluste bei allen Verkehrsteilnehmern, eine geringere Produktivität wirtschaftlicher Prozesse und ineffiziente Gesamtstrukturen zur Folge. Weltweit verursachte die Parkplatzsuche gemäß der IBM-Studie im Mittel einen Zeitaufwand von annähernd 20 Minuten täglich.

Untersuchungen in den USA weisen einen Stellplatzbedarf pro Pkw bei 2,5 bis 3 aus (Davis et al. 2010). Einzelne Stellplätze dort weisen je nach Anlage einen Flächenverbrauch zwischen 15 und 30 qm auf. In Amerika liegt ihre Gesamtzahl bei geschätzten 800 Millionen. In der Summe erreichen sie damit eine Flächenausdehnung von rund 4400 Quadratmeilen, einem Areal größer als das Staatsgebiet Puerto Ricos. In einigen Städten wie Orlando oder Los Angeles ist davon auszugehen, dass Parkplätze mehr als ein Drittel der Stadtfläche einnehmen. Für Europa liegen nur Abschätzungen für die Kernstaaten EU-15 vor. Demnach sind in diesen Staaten zusammen 300 Mio. öffentliche Parkplätze verfügbar (Q-Park 2011). Das ist eine gigantische Blechplatte, die da auf unseren Städten liegt.

Direkte und indirekte Umweltauswirkungen

Der ruhende Verkehr hat erhebliche Auswirkungen, die sich in *direkte Effekte* (insbesondere durch Bau und Unterhalt ver-

ursacht) und *indirekte Effekte* (insbesondere durch Parksuch-
verkehr verursacht) unterscheiden lassen. Gemäß der genannten amerikanischen Studie haben die Emissionen aus der
Bereitstellung und Instandhaltung von Abstellflächen einen
relevanten Anteil an den Gesamtemissionen eines Fahrzeugs
gemessen über den vollständigen Lebenszyklus. Demnach erhöht die Einbeziehung der Parkplatzinfrastruktur in die Um-
weltbetrachtung allein die CO_2-Emissionen um rund zehn
Prozent. Je nach Szenario kann der Anteil an den Lebenszyk-
lus-Emissionen sogar über ein Viertel der Pkw-bezogenen
Gesamtemissionen erreichen.

Parkraumbewirtschaftung als Instrument der Verkehrspolitik

Von den rund 300 Mio. Parkplätzen im öffentlichen Straßenraum sind nur rund vier Prozent durch eine Bepreisung reguliert (bouwfonds 2012: 5). Die öffentlichen Parkplätze stellen
rund 80 Prozent der gesamten Parkflächenkapazität dar. Die
in Parkeinrichtungen investierte Gesamtsumme wird auf 1550
Mrd. EUR geschätzt. Die jährlich wiederkehrenden Betriebs-
und Wartungskosten belaufen sich auf ca. 195 Mrd. EUR. Der
mit öffentlichen Parkplätzen generierte Gesamtumsatz wird
auf über 45 Mrd. EUR pro Jahr geschätzt. Das bedeutet, dass
nur 23 Prozent der Kosten durch die Benutzer ausgeglichen
werden, während die verbleibenden 77 Prozent der Kosten
von der öffentlichen Hand getragen werden. Mit anderen
Worten: Alle Stadtbewohner, ob Autobesitzer oder nicht, zah-
len für das Privileg des Parkens im öffentlichen Raum. Zum
Dank wird ihnen ihr Lebensraum mit Blech und Gummi voll-
gestellt.

Aus Sicht der Kommunen und der Stadtbewohner, die sich
als Beteiligte des Mobilitätsmarktes sowie als Bürger und
Konsumenten diesen vielfältigen Zielkonflikten bei der Nutzung des öffentlichen Raumes ausgesetzt sehen, könnte die

Parkraumbewirtschaftung des Kollektivgutes Stadtraum zur Verbesserung der urbanen Daseinsqualität und zu mehr Gerechtigkeit beitragen. Es kann deswegen mit einiger Wahrscheinlichkeit erwartet werden, dass die sich zuspitzenden urbanen Nutzungskonflikte im Spannungsfeld von Mobilitätsentwicklung, öffentlicher Daseinsvorsorge und knappen öffentlichen Kassen in Zukunft dazu führen werden, dass Parkraumregulierungs- und Bewirtschaftungsstrategien wichtiger und fester Bestandteil des kommunalpolitischen Politikinstrumentariums werden.

6. BIG PIPE – DICKE LUFT AUS DICKEN ROHREN

> Die Luftverschmutzung ist auch so ein Problem, das sich nicht in Luft auflösen will. (Ernst Ferstl, österreichischer Dichter und Aphoristiker)

Nach wie vor geben wir in Deutschland »volles Rohr« bei Abgasen und CO_2. Dazu einige aktuelle Daten des Statistischen Bundesamtes (2016): Die durchschnittliche Motorleistung von neuzugelassenen Pkw ist deutlich angestiegen. Die Neuzulassungen hatten 2015 eine Motorleistung von durchschnittlich 105,7 Kilowatt. 2008 lag sie noch bei 96,4 kW. Dies führte zu einem Mehrverbrauch von 3,7 Milliarden Litern Kraftstoff und zu 9,3 Millionen Tonnen CO_2-Emissionen. Insgesamt wurden 2015 durch deutsche Pkw 112,3 Millionen Tonnen CO_2 emittiert. Wäre die Motorleistung im Vergleich zu 2008 unverändert geblieben, wären trotz wachsender Fahrzeugflotte (2008 bis 2015 um 8,7 % angestiegen) und ansteigender Fahrleistungen CO_2-Einsparungen in Höhe von 9,3 Millionen Tonnen CO_2 (− 8,7 %) möglich gewesen. Real stiegen diese Emissionen um fast 5 Millionen Tonnen (+ 4,6 %). Dabei wurden 2015 von 44,5 Millionen Pkw 45,3 Milliarden Liter Kraftstoff verbraucht. Damit lag der Verbrauch um 3,6 % höher als im Jahr 2008. Der Mehrverbrauch geht dabei vor allem auf den Bereich der Sport Utility Vehicles (SUV) und Geländewagen zurück, dem Segment mit höchster Motorleistung und Verbrauch. Auch im Segment der Diesel-Pkw mit mehr als 100 kW Leistung verdoppelte sich der Verbrauch zwischen 2008 und 2015 fast, was vor allem auf die hohe Zahl der Neuzulassungen zurückzuführen ist. 2015 hatte bereits über die Hälfte der Dieselfahrzeuge eine

Motorleistung von mehr als 100 kW (2008 knapp ein Drittel). Während auch bei den Benzinern der Anteil der leistungsstarken Pkw zwischen 2008 und 2015 kontinuierlich gewachsen ist, sank der Anteil der schwächer motorisierten Fahrzeuge mit weniger als 51 kW stark von 22,1 % im Jahr 2008 auf 15,3 % im Jahr 2015.

Angesichts dieser Zahlenkulisse, der schlechten Luftqualität in unseren Städten und dem Beitrag unserer Verkehrsmittel zum Klimawandel wäre eigentlich eine sehr schnelle Wende in der deutschen Mobilitätspolitik erforderlich. Mit Blick auf die noch drastischere Situation in chinesischen, indischen und latein- und mittelamerikanischen Städten geht häufig unter, dass auch in Deutschland und Europa die mit dem Verkehr verbundenen Emissionsprobleme keinesfalls gelöst sind. Nach wie vor ist die Luftqualität in deutschen Großstädten miserabel, was den Fähigkeiten eines in aller Welt bewunderten Hochtechnologielandes nicht nur in keiner Weise angemessen ist, sondern auch ausgesprochen ärgerlich und peinlich. Mit etwas Abstand betrachtet hinterlässt es einen sogar sprachlos, dass Gesellschaften, die in der Lage sind, Menschen in den Weltraum zu fliegen, den Computer und das Internet zu erfinden und Gentechnologie zu betreiben, nach wie vor Geräte mit so absurd schmutzigen Motoren und gefährlichen Abgasen in ihren dichtbewohnten Städten fahren lassen und so tun, als gäbe es kaum eine Alternative dazu. Das ist ein wenig so, als ob die Bewohner eines durchgestylten und mit aller technischen Raffinesse ausgestatteten Architektenhauses, die viel Wert legen auf gesunde Ernährung und gesunden Lebenswandel, die sich sorgen um die Gefahren der Atomenergie und des Elektrosmogs, um Allergene in ihrem Essen und die Luftqualität der Schulräume ihrer Kinder, jeden Abend in ihrem Wohnzimmer ein Feuer aus alten lackierten Holzlatten in einem leeren Ölfass ohne Rauchabzug anzünden würden, um sich zu wärmen. Das Ölfass wäre natürlich ein Designerölfass, schick und passend zur restlichen Einrichtung gestaltet, und die alten Holzlatten würden sehr kostengünstig und kundengerecht portioniert angeliefert werden, am besten just in time. Am Ende bleiben es aber Ölfass und Holzlatten und damit letztlich genauso archaisch und ungesund wie ein offenes Dungfeuer in einer Hütte ohne Schornstein.

Mit Blick auf die internationale Marktentwicklung könnten die hohen Emissionen der in Deutschland produzierten Kfz zudem womöglich automobil- und damit letztlich auch volkswirtschaftlich hochriskant sein. Ein zentraler Grund dieser Befürchtung ist die sich im Winter 2017 erneut weiter verschärfende Luftsituation in chinesischen Ballungsräumen, allen voran in den nordchinesischen Regionen, wie zum Beispiel in und um Peking. Hier ist die Luftqualität mittlerweile so lange anhaltend so schlecht, dass sich die Situation deutlich mit drastisch ansteigenden Herz- und Atemwegserkrankungen in den gesundheitlichen Statistiken niederschlägt. Und die schlechte Luftqualität ist nur ein Akt des gesamten Umweltdramas, welches sich gerade in China abspielt. Verseuchte Nahrungsmittel, untrinkbares Wasser, Verödung von Böden und zunehmende Starkwetterereignisse sind Folgen der rasanten ökonomischen Entwicklung. Als Folge davon nimmt die im weitesten Sinne ökologisch motivierte Politisierung der Bevölkerung zu, insbesondere in der wachsenden und aufstrebenden Mittelschicht. Damit wächst auch der Druck auf die chinesischen Kader, dagegen etwas zu unternehmen. Mit schnell anwachsender Wahrscheinlichkeit ist zu erwarten und auch schon in Ansätzen zu beobachten, dass sich dieser Handlungsdruck auch in Richtung einer weiteren, noch schärferen Regulierung und Einschränkung der fossilen Mobilität und in der Stärkung der Elektromobilität zum Ausdruck bringen wird. Ändert China aber seine Haltung zum Verbrennungsmotor grundsätzlich, so ändert sich auch für die Produktstrategien der deutschen Hersteller auf einmal alles. Wäre man darauf nicht vorbereitet, wäre der betriebs-, regional- und volkswirtschaftliche Schaden enorm und der Imageverlust nicht gering. China als Brancheninnovator und »Game Changer« – vor einigen Jahren ist man für diesen Gedanken noch belächelt und angegriffen worden. Heute sollte es auch Automobilmanagern als ein durchaus realistisches Szenario erscheinen. Denn China handelt schon heute effektiv: 2016 stiegt der Absatz von Elektrofahrzeugen um 53 %, was knapp einer halben Million Fahrzeugen entspricht. Man erwartet aufgrund der staatlichen Förderpolitik für 2020 sogar einen Marktanteil von Elektroautos von fünf bis zehn Prozent. Zeitgleich wird die Industriepolitik strikt auf die weitere Förderung des Elektroautos und der Batterieproduktion ausgerichtet und die ausländische Industrie gezwungen, den strikten Flottenverbrauchstandards zu entsprechen, was böswillig interpretiert auch als protektionistischer Schachzug zugunsten der Entwicklung einer eigenen Automobilindustrie verstanden werden kann. Ökologiepolitischer Handlungsdruck und industriepolitische Interessenlage stützen sich hier gegenseitig. Macht-, industrie- und umweltpolitische Ziele sind in China anders als in den USA und Europa in dieser Hinsicht insofern viel konvergenter als in Europa.

Wie wir uns selbst vergiften

Im Frühjahr 2016 hat Greenpeace zusammen mit der Universität Heidelberg die Luftqualitätswerte in deutschen Städten gemessen. Dabei wurde schnell deutlich, dass in den meisten Städten der Stickoxidwert an vielbefahrenen Straßen zum Teil weit über dem von der WHO festgelegten Grenzwert von 40μg liegt. Am meisten betroffen sind davon dummerweise nicht nur die Anwohner vielbefahrener Straßen und die Autofahrer selbst, die sich über ihre Belüftungsanlagen selbst vergiften, sondern vor allem die Radfahrer und Fußgänger. Diejenigen also, die schon heute zur Verbesserung der urbanen Lebensqualität ihren Teil beitragen oder einfach nur sportlich und gesund leben wollen. Prominentestes Beispiel in den Medien ist in diesem Zusammenhang immer wieder Stuttgart, wo sowohl die Feinstaubbelastung als auch die Stickoxidwerte an vielen Tagen des Jahres weit über den von den Gesundheitsbehörden als akzeptabel angesehenen Grenzwerten liegen. Stickoxide sind allerdings nur einer der Bestandteile von Abgasen, neben Rußpartikeln und weiteren Feinstäuben. Schon seit Jahren warnt die WHO deshalb vor Gesundheitsrisiken, stufte insbesondere die Dieselabgase 2012 in die Gefährdungsklasse von Asbest, Arsen und Senfgas ein und forderte eine drastische Reduzierung der Emissionen. Nach einer Studie der internationalen Agentur für Krebsforschung gilt es als erwiesen, dass die Abgase nicht nur »potentiell krebserregend« sind, sondern ein direkter Zusammenhang zwischen den Schadstoffen und der Krankheit bestehe. Doch nicht nur Dieselfahrzeuge – private wie die der rasant wachsenden Logistikbranche – emittieren Schadstoffe. Die Deutsche Umwelthilfe weist zudem auf die enormen Belastungen von Anwohnern und Arbeitern durch Baumaschinen mit Dieselmotoren hin. Die Feinstaubbelastung durch den Verkehr insgesamt gefährdet die Gesundheit der Bevölkerung. Weltweit sterben mehr als 3 Millionen Menschen pro Jahr an den Folgen der Feinstaubbelastung. Über 2 Millionen davon sterben frühzeitig in China und Indien, während in Europa etwa 280 000 Menschen pro Jahr sterben (Lelieveld et al. 2010).

Die Politik handelt bislang wenig oder ausgesprochen zaghaft, um diese Probleme zu lösen. Einerseits wohl aus Angst vor Verlust der Wählergunst und der Gunst der Lobbys, andererseits weil ihr – insbesondere auf kommunaler Ebene – das vom Bundestag bereitzustellende politische Instrumentarium – etwa die vieldiskutierte »Blaue Umweltplakette« – noch fehlt, das es ermöglichen würde, Einschränkungen für besonders stark emittierende Fahrzeuge, für besonders betroffene Straßenzüge oder für ganze Stadtteile umzusetzen. Also bleibt der kommunale Tiger bislang zahnlos: In Stuttgart haben die im Grunde unbeholfenen Aufrufe des Bürgermeisters und der grünen Landesregierung zum freiwilligen Autoverzicht wenig bis gar nicht gefruchtet. Die Ankündigung der Stuttgarter Landesregierung, in Zukunft deswegen auch zum letzten Mittel des Fahrverbots für besonders schmutzige Dieselfahrzeuge zurückzugreifen, wurde auch vom Berliner Senat aufgegriffen. Die Landesregierung Baden-Württembergs hatte beschlossen, bereits ab 2018 alte Dieselmodelle aus Teilen Stuttgarts mit besonders schlechter Luft fernzuhalten. Nach einem Gutachten des Verkehrsministeriums Baden-Württemberg können die NO2-Werte mit Fahrverboten für alte Dieselautos um 95 Prozent gesenkt werden (Ministerium für Verkehr Baden-Württemberg 2016). Eine Elektrifizierung von Taxen, Bussen und Lieferservice, wie Dobrindt sie vorschlägt, senkten den Wert nur um 14 Prozent. Ob die Landesregierungen im Zweifel mit ihren Initiativen durchhalten, wird sich zeigen. Eine Mehrheit von 61 % der Deutschen sprach sich in einer repräsentativen Emnid-Umfrage, die von Greenpeace Deutschland beauftragt wurde, jedenfalls für Fahrverbote in besonders belasteten Stadtteilen aus (Greenpeace 2016). Zu temporären Fahrverboten konnte sich in Europa bislang jedoch allein die norditalienische Stadt Mailand durchringen. Nur sind auch Fahrverbote in einer freiheitlichen Gesellschaft keine dauerhafte Lösung, sondern allenfalls eine Notfallmaßnahme, um das Schlimmste zu verhindern.

Wer also glaubte, die verkehrsbedingte Emissionsproblematik hätte sich in Deutschland erledigt, muss wissen: Die Emissionen steigen, einige Städte stehen kurz davor, vor dem Europäischen Gerichtshof verklagt zu werden, und Gesundheitswissenschaftler erwarten, dass die durchschnittliche Lebenserwartung in Europa wegen der Emissionsbelastungen in den Städten zunächst einmal stagnieren könnte.

Der dreckige Rest wird nach Afrika geschickt

Stärker noch als in den Industrieländern sind die Bewohner der Entwicklungs- und Schwellenländer von Luftverschmutzung betroffen. Meistens sind die Grenzwerte für Schwefel und Feinstaub hier viel höher – was als eine Einladung verstanden wird, aus dieser Situation Profite zu schlagen. So weist die neueste Studie der Schweizer NGO Public Eye nach, wie Schweizer Rohstoff- und Benzinhändler Diesel und Benzin mit besonders hohem Schwefelgehalt ganz bewusst in diese Länder liefern, zum Beispiel nach Westafrika. So entledigen sie sich der Notwendigkeit, diese Treibstoffe aufwendig und kostenträchtig zu reinigen und erhöhen so ihre Profitspanne. In Accra, der Hauptstadt von Ghana, in der sich die Zahl der Kfz von 2005 bis 2012 verdoppelt hat, ist die Luftqualität deswegen sogar noch fünfmal schlechter als die ohnehin schon stark belastete Luft Londons. Die Umweltorganisation der UNO geht davon aus, dass mit Schadstoffgrenzwerten wie in Europa in Westafrika bis 2050 bis zu 100 000 vorzeitige Todesfälle durch Luftverschmutzung vermieden werden könnten.

Das Auto im Treibhaus

Hinzu kommt das Klimathema: Wenn Deutschland dem in Paris auch mit Hilfe des starken eigenen Engagements beschlossenen Stabilisierungsziel des Weltklimas auf 1,5 Grad Celsius nicht nur applaudieren, sondern ernsthaft daran mitarbeiten will, braucht es dazu den sofortigen Start in eine konsequente Dekarbonisierung unserer Gesellschaft. Vor allem der Verkehrssektor ist jedoch bislang gegenüber allen Eingrenzungsversuchen resistent gewesen und heute eine der wichtigen Quellen des klimaschädlichen Treibhausgases CO_2. Er ist heute für einen Anteil von etwa 24 % der energiebedingten globalen CO2-Emissionen verantwortlich. 95 % davon stammen aus dem Straßenverkehr. Im Vergleich zu den anderen Sektoren wurden im Verkehrsbereich die Klimaemissionen nur unterdurchschnittlich verringert. Im Gegenteil geht die OECD sogar davon aus, dass sich die Emissionen des Verkehrssektors unter der Annahme gleichbleibender Rahmenbedingungen bis 2050 sogar verdoppeln könnten (OECD 2011). Die Klimawende braucht also auch und vor allem eine Mobilitätswende mit einem schnellstmöglichen und in mittlerer Sicht möglichst vollständigen Ausstieg aus den fossilen Energieträgern.

Dreckiger Diesel

In jüngerer Zeit hat zudem der »Dieselgate-Skandal« einen der wichtigsten Verursacher der aktuellen Emissionsprobleme in deutschen Städten in die öffentliche Debatte gerückt: den Dieselmotor. Da fast zwei Drittel der Stickoxidemissionen im Verkehr von Dieselfahrzeugen stammen, bekommt dieser Skandal vor dem Hintergrund der beschriebenen Luftqualitätsprobleme eine besondere Brisanz. Insbesondere die VW AG hat dabei mit ihren dreisten Manipulationen kriminell gehandelt. Der Automobilkonzern hat über Jahre hinweg bewusst Abgasmessungen bei seiner Dieselflotte per Software manipuliert, die Spielregeln im fairen Wettbewerb ignoriert und gesetzliche Vorgaben missachtet. Und obendrein hat VW auf Kosten der Allgemeinheit gesundheitsschädliche Emissionswerte überschritten. Die VW AG hat sich damit selbst in einen der größten Manipulationsskandale katapultiert, ihr Image in Misskredit gebracht und womöglich die Unternehmenszukunft gefährdet. Doch ist Volkswagen kein Einzelfall. Auch andere deutsche und europäische Hersteller haben mit geschönten Emissionswerten ihrer Dieselfahrzeuge gearbeitet. Eine aktuelle Studie der deutsch-amerikanischen Forschungseinrichtung ICCT kam jüngst zu dem recht unerwarteten Ergebnis, dass viele Diesel-Pkw sogar mehr Stickoxide ausstoßen als moderne Lastwagen, zum Teil sogar um den Faktor zehn höher als die Werte bei den neuen Nutzfahrzeugen. Erklärt wird dieser Sachverhalt von den Experten damit, dass die Nutzfahrzeugmotoren auf die vorgeschriebenen Tests hin optimiert werden, die bei den Lkw die Einhaltung strenger Grenzwerte auch im Realbetrieb auf der Straße einfordern. Die Industrie, so scheint es hier, hält sich nur an solche Vorgaben, die auch hart eingefordert und kontrolliert werden. Wo das nicht geschieht, wo Regulierungslücken bestehen oder unklare, deutungsoffene Anforderungen existieren, dort wird scheinbar, bis über die Grenze zur Kriminalität hinaus, das unternehmerische Interesse auf Kosten des Konsumenten und der Allgemeinheit maximiert. Das ist die eine Perspektive.

Es gibt jedoch auch noch einen weiteren Blickwinkel. Und der offenbart ein kompliziertes und bigottes Wechselspiel von Politik, Regulierungsbehörden, Prüfämtern und letztlich auch den Kunden. So galt es unter Spezialisten und Fachpolitikern schon lange als ein offenes Geheimnis, dass die üblichen Prüfzyklen in der Labor- und Testsituation einerseits und die realen Emissionen und Verbräuche andererseits sehr weit auseinanderliegen. Hinweise darauf und entsprechende Initiativen engagierter Politiker und Verbände sind von den Regierungsparteien in den vergangenen Jahren mit Hinweis auf die volkswirtschaftliche Bedeutung der Branche immer wieder ignoriert worden. Aber auch als das Dieselthema schließlich hochkochte, blieb das Verkehrsministerium seiner üblichen Linie treu: Verkehrsminister Dobrindt wiegelte ab, hielt Prüfprotokolle zurück, blockierte Fahrverbote für Dieselfahrzeuge und verweigerte schließlich eine Gesetzesinitiative zur Umsetzung von Sammelklagen wie in den USA. Insgesamt hinterlässt er dabei das Bild eines Ministers, dem der Schutz industrieller Interessen wichtiger ist als die Interessen der

Verbraucher an Aufklärung, Schutz und Rechtssicherheit. Aber auch die Kunden haben – wenn sie es wirklich hätten wissen wollen – sehr wohl erkennen können, dass auch bei den vermeintlich sehr sauberen Dieselfahrzeugen mancher Hersteller kein Blütenstaub aus dem Auspuffrohr kommt. Der unbedingte Wunsch nach hoher Leistung und Bequemlichkeit bei niedrigen Verbrauchskosten, nach Mitnahme steuerlicher Subventionen des Dieseltreibstoffs und nach einem möglichst niedrigen Kaufpreis für möglichst viel Auto hat es über Jahre sehr leichtgemacht, nicht so genau hinzuschauen. Es mag zwar sehr wohl sein, dass Konsumenten aufgrund ihrer Wohnlage und mangelnder Alternativen gezwungen sind, jeden Tag ein Auto zu nutzen. Diesem Zwang Milderung oder Abhilfe zu verschaffen ist eine Aufgabe der Verkehrspolitik, über die später noch zu sprechen sein wird. Aber es scheint doch niemand gezwungen zu sein, ein besonders großes und leistungsstarkes Fahrzeug zu fahren, obendrein ein Dieselfahrzeug, um mobil zu sein.

Wenn man also heute nach den Ursachen des VW-Dieselgate-Skandals sucht, greift man zu kurz, wenn allein VW bzw. die Branche als Schuldige an den Pranger gestellt wird. Es ist das gesamte verflochtene System unserer hochgetunten Automobilkultur: die enorme volkswirtschaftliche Abhängigkeit des Landes von der Autobranche, die politische Regulierungsfeigheit bzw. Regulierungsunfähigkeit in Bund und Ländern, die etablierten Kundenpräferenzen und schließlich der enorme Erfolgsdruck, bis vor kurzem gepaart oft mit strukturellem Größenwahn in den Managementetagen, der von den Shareholdern börsennotierter Unternehmen ausgeübt wird. Das soll VW und andere nicht in Schutz vor der nötigen angemessenen und harten Kritik nehmen, hilft aber beim Blick auf die Zukunft.

Nicht allein Volkswagen & Co allein werden sich also ändern müssen, sondern die verbrennungsmotorische Automobilkultur insgesamt, für die Dieselgate als Symptom gelten kann. Natürlich gilt es nun zunächst, den Skandal restlos aufzuklären, technische Lösungen für die Nachrüstung anzubieten, Schäden wiedergutzumachen und die stark hierarchische und oft von Angst und Unbehagen gespeiste Unternehmenskultur radikal zu verändern. Die Krise ist also womöglich auch eine große Chance. Dieselgate könnte ein politisches Möglichkeitsfenster geöffnet haben, den Ausstieg aus einer nicht mehr zeitgemäßen und inakzeptablen Antriebstechnologie zu starten und die lokalen Emissionsprobleme europäischer Städte und Stadtregionen besser in den Griff zu bekommen. Allerdings spricht die Trennung von der ehemaligen Bundesverfassungsrichterin Hohmann-Dennhardt, die als Vorständin für »Integrität und Recht« für VW den Dieselskandal aufklären sollte, nicht gerade dafür, dass VW die Notwendigkeit eines echten Neustarts begriffen hat. Umso mehr bräuchten Unternehmen wie Volkswagen die Unterstützung und Begleitung der Politik für ihre Unternehmenstransformation. Mit ihrer regulativen, fordernden und fördernden Unterstützung könnte die Branche in großem Maße umsteuern, massiv in Zukunftstechnologien investieren und so langfristig im zukünftigen Mobilitätsmarkt eine wichtige Rolle spielen und moderne Standorte dauerhaft sichern. Mit umweltschonenden Technologien und einer zukunftszugewandten Unternehmensstrategie hin zu einem Mobilitätsdienstleistungsunternehmen ließe sich nicht nur das Vertrauen der Kunden wiedergewinnen.

Diese neue Unternehmensaufstellung wäre sicher auch eine Antwort auf die digitale Technologieoffensive in Sachen Mobilität von Tesla, Apple, Google, Uber und Co, mithin die gesamten zu erwartenden digitalen Ambitionen zur Neuformatierung der Mobilität, die aus dem Silicon Valley noch zu erwarten sind. Denn die Digitalisierung kommt über uns wie eine Welle, die wir weder einhegen noch kanalisieren können. Sie bringt eine kreative Zerstörungswucht im Sinne des Ökonomen Schumpeters mit sich, die nichts und niemanden unverändert zurücklässt. Am Möglichkeitshorizont erscheint jeden Tag ein wenig deutlicher das Bild einer ubiquitär vernetzten technologischen Metaintelligenz, einer sozio-technischen Mischwelt aus Netzen, Geräten, Software und menschlichen Verhaltensweisen und Lebensstilen. Wie auch immer wir das moralisch bewerten, und ob es uns gefällt oder nicht: Diese Entwicklung wird auch die Produktivkräfte und Produktionsverhältnisse der Mobilitätswirtschaft umfassend revolutionieren. Die Gründerszene der digitalen Sharing-Economy entwickelt schon heute in großer Geschwindigkeit immer neue Foren, Netzwerke und Applikationen für Wegeplanung, Verkehrsflussoptimierung, Parkplatzsuche und für die anteilige Fahrzeugnutzung jenseits des Privat-Pkw. Mithin entstehen auch digitale Marktplätze für vernetzte und verkehrsträgerübergreifende Mobilität.

Die Automobilbranche hat angesichts dieser Entwicklungen nur die Chance, die digitale Welle ebenfalls reiten zu lernen und die sich bietenden digitaltechnologischen Möglichkeiten klug zu nutzen, um gleichzeitig die beschriebenen Wachstumsprobleme der Mobilität nachhaltig in den Griff zu bekommen. Davon handelt das nächste Kapitel.

7. BIG DATA –
DIGITALER TREIBSTOFF ODER
DIGITALES DILEMMA?

»Das Internet? Gibt es diesen Blödsinn immer noch?«
(Homer Simpson, Sicherheitsinspektor im Kernkraftwerk
Springfield)

Irgendwo in den USA im Jahr 1958. Ein Mann fährt in einem
Wagen aus der heimischen Garage. Er gibt über ein Kontroll-
pult im Armaturenbrett die gewünschte Route ein. Das Fahrzeug fährt von selbst zum Ziel, während der Mann am Lenk-
rad seinen Sitz um die eigene Achse dreht, um sich den
anderen Insassen zuzuwenden und an einem gemeinsamen
Brettspiel teilzunehmen. Diese Phantasie ist fast sechzig Jahre
alt und Teil des Disney-Zeichentrickfilms »Magic Highway
USA«. Einige der zum damaligen Zeitpunkt utopisch wirken-
den Bilder sind heute bereits ganz alltäglich: GPS-Navigati-
on, Spurhalteassistenten und intelligente Sicherheitssysteme,
die in die Fahrdynamik aktiv eingreifen oder durch Müdigkeit
beeinträchtigte Fahrer warnen, gehören schon lange nicht
mehr in den Bereich der Science-Fiction. Zwar fahren die
PKW auf den Straßen noch nicht vollautomatisiert, doch genau das ist eines der erklärten Ziele der automobilen Branche,
vor allem aber der neuen digitalen Player aus dem Silicon
Valley und zunehmend auch aus China, die dieses Thema
massiv vorantreiben.

Berlin Kreuzberg, ein Samstagvormittag im Herbst 1997.
Eine Frau kramt im strömenden Regen in ihrer Handtasche.
Sie findet einen Schlüssel und öffnet damit einen roten kleinen Tresor am Straßenrand. Ein kurzes Aufatmen als sie darin
den Fahrzeugschlüssel vorfindet. Schnell macht sie sich auf
den Weg die Straße erst hinauf und dann hinunter, bis sie

den Wagen nach fünfzehn Minuten tatsächlich gefunden hat. Durchgeweicht steigt sie ein und fährt los, um zu Hause den Rest der Familie einzusammeln und trockene Kleidung anzuziehen. Die Dame ist Kundin der 1990 gegründeten Stattauto Car-Sharing GmbH, einer der ersten Unternehmen zum Autoteilen überhaupt. Sie ist es gerne und bereit, einiges für ihre Überzeugung auszuhalten. Aber die komplizierte Ausleihprozedur nervt sie: die Anmeldung als Mitglied im Büro im weitentfernten Prenzlauer Berg, die telefonische Buchung vor jeder Ausleihe in der oft überlasteten Telefonzentrale, die umständliche Tresortechnik, die Unzuverlässigkeit der anderen Kunden, die das Fahrzeug häufig zu spät abgeben oder unzulässig weit vom Tresor abstellen. Mit anderen Worten: Carsharing war damals moralisch eine gute Sache, aber praktisch ziemlich aufwendig und damit weit entfernt vom Benchmark der spontanen, flexiblen und autonomen Nutzungsformen eines privaten Pkw. Eine junge Berliner Forschergruppe beschäftigte sich deswegen damals mit der Frage, wie das Autoteilen kundenfreundlicher und effizienter gemacht werden könnte. Vor allem aber interessierte die Wissenschaftler, wie sich das Auto als eine Art »Portionsauto« klug einfügen ließe in das gesamte Ensemble der urbanen Verkehrssysteme. Am Ende ihrer Überlegungen stand neben vielem anderen die Vision eines Gerätes, mit dem die Planung, Buchung, der Zugang und die Abrechnung einer Wegstrecke mit unterschiedlichen Verkehrsmitteln ermöglicht werden könnte, natürlich auch unter Einbezug des Carsharing, welches als offenes und zeitlich unlimitiertes, sich selbst regulierendes Verleihsystem konzipiert wurde. Ihr virtuelles Gerät nannten sie PTA, Personal Travel Assistent. Technisch umsetzbar war es damals nicht.

Zehn Jahre später gab es dieses Gerät zu kaufen. Und es sollte die Welt verändern wie kaum eines zuvor. Auch und gerade die der Mobilität: Denn als Steve Jobs 2007 das erste iPhone vorstellte, öffnete er – je nach Sichtweise des Betrachters – die Tür zum digitalen Schlaraffenland oder eben den Deckel der digitalen Büchse der Pandora der neuen digitalen Dienste und Applikationen, die uns und unsere Handlungsweisen und Kommunikationsformen immer transparenter und womöglich auch manipulierbarer machen. Auf einmal konnte nun auch die von den Forschern vorausgedachte, sogenannte multi- und intermodale Mobilität Stück für Stück Wirklichkeit werden, das flexible Carsharing eröffnete neue Formen der Autonutzung in urbanen Regionen und digital unterstützte Buchungsplattformen, wie zum Beispiel die der Daimler-Tochter Moovel oder Quixxit der Deutschen Bahn, versuchen das verkehrsträgerübergreifende Buchen und Reisen zu realisieren.

Beide Szenen sind nacherzählt, nicht erfunden. Sie markieren die zwei idealtypischen Pole des gedanklich zum Teil also schon sehr lange vorformulierten konzeptionellen Möglichkeitsspektrums der digitalen Mobilität: die weitere Optimierung der Nutzung des privaten Pkw durch digitale Vernetzungs- und Automatisierungstechnologien einerseits, die mögliche Abkehr von seinem Besitz im Rahmen einer digitalen Sharing-Economy andererseits. Die kundenseitigen Wünsche und funktionalen Anforderungen waren also bereits vorhanden, es fehlte nur noch die Technologie, um eine enorme Forschungs- und Entwicklungsdynamik zu entfachen und zugleich die Neuformatierung und das Verschwimmen und Überlagern von bislang gegeneinander abgeschotteten Branchen und Märkten zu forcieren. Denn zwischen den beiden beschriebenen Polen ergeben sich zunehmend auch graduell abgestufte funktionale Mischformen des »selbst Fahrens« und »selbst Besitzens« von Fahrzeugen, die gegenwärtig zu komplett neuen Marktkonstellationen führen.

Davon handelt dieses Kapitel. Thematisiert werden die Chancen der Digitalisierung für die Verwirklichung einer nachhaltigen Mobilität, aber auch die mindestens ebenso großen Risiken und Dilemmata der digitalen Transformation. Die

Digitalisierung ist nicht nur einer der umfassendsten und spannendsten Innovationssprünge der Gegenwart, der hinreichend erklärt werden muss. Sie geschieht auch in einer unglaublichen Geschwindigkeit, die es manchmal erschwert, mit konsistenten Analysen und Vorstellungen der zukünftigen Entwicklung überhaupt sinnvoll zu spekulieren. Ein Versuch muss hier natürlich trotzdem unternommen werden. Man sollte sich dabei immer vor Augen führen, dass wir in jedem Augenblick Teil dieser Entwicklung sind und uns sehr schnell an die neuen digitalen Technologien gewöhnen, sie in unsere Alltagskultur und unseren Freizeitkonsum einweben, neue digitale Medienkanäle und Dienstleistungen schnell akzeptieren und uns knapp ein Jahrzehnt nach Markteinführung des ersten Smartphones wohl kaum noch daran erinnern können, wie das Leben ohne dieses Gerät möglich war. Mit anderen Worten: Die Digitalisierung verändert – paradoxerweise vor unseren Augen und zugleich hinter unserem Rücken – alles. Doch wir können die Radikalität dieses Wandels kaum erfassen, eben weil wir Teil dieses digitalen Transformationsprozesses sind, in dem sich die bekannten Koordinaten unserer Wahrnehmung – nach menschlichen Maßstäben schleichend, in historischer Perspektive rasant – verschieben.

Was ist Digitalisierung?

Der Begriff ›Digitalisierung‹ bezieht sich je nach der Betrachtungsebene auf unterschiedliche Sachverhalte, auch wenn es im Kern letztendlich immer um Prozesse der Erzeugung, Wandlung und Verteilung digitaler Daten geht. Der Einsatz smarter Geräte, sämtliche Anwendungen der Informations- und Kommunikationstechnologie, das Internet, Kybernetik, Automatisierung, Robotik, Künstliche Intelligenz, die Virtualisierung, Augmented Reality, Big Data und noch vieles mehr sind Felder, die unter dem Begriff ›Digitalisierung‹ stehen.

Der Vorgang der Digitalisierung ist dabei zunächst nichts anderes als die Wandlung analoger Informationen in eine diskrete, stufige Form. Das verfolgt den Zweck, diese Informationen elektronisch zu speichern, zugänglich und austauschbar zu machen. Daten in digitaler Form sind platzsparend, schnell verfügbar, reproduzierbar, schnell zu durchsuchen, zu versenden und meist länger haltbar als analoge Medien. Digitalisierung lässt sich in einer erweiterten *technischen* Definition also beschreiben als die Nutzung datengestützter Informations- und Kommunikationstechnologien für die Berechnung, Unterstützung, Steuerung, Vernetzung und Optimierung von Prozessen, Handlungsabläufen und Produkt-Service-Systemen auf der Grundlage des Austausches, Sammelns und Interpretierens großer Datenmengen mit Hilfe von Algorithmen. Digitale Techniken können in diesem Sinne als »General Purpose Technologies«, als quasi universell anwendbare Techniken verstanden werden, deren Einsatzgebiete die gesamte Spannbreite individueller und gesellschaftlicher Bedürfnis- und Handlungsfelder betreffen. *Sozialwissenschaftlich* formuliert lässt sich der Prozess der Digitalisierung deswegen als die zunehmende Durchdringung aller Wissens- und Lebensbereiche des Menschen und der Kultur mit digitalen Systemen beschreiben. Dabei wird die Beherrschung digitaler Geräte quasi zu einer Kulturtechnik wie Lesen, Schreiben und Rechnen, also zu einer Art Basisqualifikation, ohne die eine Teilhabe an den Diensten und Nutzenfunktionen digitaler Systeme für den einzelnen Konsumenten und Bürger in Zukunft kaum mehr möglich sein wird. Durch den Begriff der »digitalen Gesellschaft« werden epochenbenennende Phänomene wie Industrialisierung oder Dienstleistungskultur – dementsprechend die Industrie- bzw. Dienstleistungsgesellschaft – nicht überwunden, sondern eingeschlossen in den erweiterten Zusammenhang der digitalen Kultur. Industrielle Produktionsprozesse bestehen weiterhin, genauso wie eine durch die digitalen Techniken in ihrer Effizienz und Angebotsvielfalt letztlich noch beflügelte und erweiterte Dienstleistungsökonomie. Weitreichende systemische Innovationen werden durch die informationsbasierte Überwindung der bislang überwiegend materiell-physikalischen Beschränktheit großtechnologischer Infrastruktursysteme in unserer Gegenwart erst im umfänglichen Sinne möglich, wie zum Beispiel das prospektive Zusammenwachsen von Energie-, Kommunikations- und Mobilitätssparte im sogenannten Smart Grid.

In ihrer unmittelbaren Wirkung ist die Digitalisierung ein gigantischer Effizienztreiber: Stetig verbesserte Software, höhere Geschwindigkeiten in der Datenübertragung und Rechenkapazität ermöglichen den Austausch und die Analyse und Rekombination auch sehr großer Datenmengen auf immer schnellerem Wege. Das ist eine direkte Form der Effizienzsteigerung. Die eigentliche disruptive Innovationskraft der Digitalisierung liegt nun allerdings eher in einer indirekten Wirkung, der Steigerung der *Nutzungseffizienz,* aber auch der Bequemlichkeit und Einfachheit durch neue Formen kollektivierter, schwarmartig vernetzter und koordinierter Nutzungsweisen von Produkten, wie zum Beispiel das Car- und Ridesharing, was der Tatsache Abhilfe schaffen könnte, dass Autos heute im Durchschnitt dreiundzwanzig Stunden am Tag nicht genutzt werden, und wenn doch, nur mit einem durchschnittlichen Besetzungsgrad von 1,6 Personen. Hier liegen betriebs- wie volkswirtschaftlich, aber auch ökologisch betrachtet enorme Potentiale brach.

Neben dem Zugang zu den verlockenden Datenschätzen dieses Marktes, dessen Versprechen vor allem die digitalen Player wie Google oder Apple anspornt, sind sicherlich diese besonders großen Einspar- und Optimierungspotentiale der Grund, warum die Mobilitätswirtschaft heute eines der besonders dynamischen Experimentier- und Anwendungsfelder digitaler Technologien und Medien ist. Darum geht es in den folgenden Abschnitten: Nach einem Gesamtüberblick über Innovationskorridore der Digitalisierung der Mobilität folgt ein Abschnitt zu den besonderen Entwicklungen und Veränderungen in der Automobilbranche. Eine Reflexion zu den Schattenseiten und Dilemmata und eine darauf aufbauende verkehrspolitische Bewertung schließt das Kapitel und leitet zum zweiten Zwischenfazit über.

Die Digitalisierung der Mobilität

Schon seit Jahren kann man Autos, Schiffe, Flugzeuge und Lokomotiven als mobile Computer bezeichnen. Hatte ein Auto in den 70er Jahren meist nur ein Motorsteuergerät, so können heute bis zu 120 miteinander verbundener Kleinstcomputer in einem einzigen Fahrzeug verbaut sein. Mindestens alle zwei Jahre verdoppelt sich die Rechenleistung der Assistenzsysteme und der elektronischen Schaltstellen zur internen Vernetzung und Optimierung der digitalen Fahrzeugintelligenz. Nun steht als nächster Schritt an, die Fahrzeuge vollständig mit ihrer Umwelt – also dem Internet, der Infrastruktur und anderen Fahrzeugen – zu vernetzen und diese »Konnektivität« vor allem als funktionale Grundlage für die Optimierung von Fahrerassistenz- und Automatisierungskonzepten zu nutzen. Ähnlich schnell und konsequent verlaufen die Digitalisierungsprozesse aber auch in den anderen Verkehrssektoren, etwa zur Automatisierung und Optimierung der telematischen Verkehrsflusssteuerung der Bahn, des Luftverkehrs oder der Schifffahrt.

Unterscheidbar sind mindestens sechs Wirkprinzipien der digitalen Ausgestaltung von Mobilitätssystemen. Diese sich in der Realität vielfach überlagernden Einsatzkorridore sind zugleich analytische Perspektiven auf das Thema im Sinne voneinander abgrenzbarer Forschungslinien: erstens der Einsatz von digitalen Technologien zur Automatisierung des Mobilitätsprozesses. Zweitens die digitale Vernetzung von Fahrzeugen und die systemübergreifende Vernetzung der Verkehrssysteme. Drittens die Integration von Navigationssystemen in die Mobilitätssysteme, viertens Informations- und Entertainmentsysteme, fünftens die Virtualisierung, das heißt die Substitution und damit Vermeidung von physischem Verkehr durch die Digitalisierung der Telekommunikation und die Optimierung logistischer Prozesse und sechstens die Entstehung neuer Vertriebs-, Markt- und Marketingformen auf Basis digitaler Plattform- und Netzwerktechnologien. Während die Automatisierung und die Integration digitaler Zusatzfunktionen vor allem der Optimierung der Verkehrseffizienz, der Sicherheit, der Orientierung und der Unterhaltung dienen und damit der Steigerung der Funktionalität und der Aufenthaltsqualität des einzelnen Fahrzeugs, so ruhen auf den digitalen Technologien auch große Hoffnungen für die Verbesserung der verkehrsträgerübergreifenden Vernetzung. Erst diese macht die Vision lückenloser Verkehrsketten, also die Nutzung verschiedener, prompt aneinander anschließender Verkehrsmittel zur Bewältigung einer Strecke möglich, so wie die gesamte Sharing-Ökonomie zukünftig kaum ohne die digitale Feinabstimmung von Angebot und Nachfrage nach Produkten und Dienstleistungen auskommt. Auch der fünfte Innovationskorridor der digitalen Mobilität, die Virtualisierung, eröffnet spannende Entwicklungsperspektiven: Telearbeit, Telekonferenzen, Telelernen, Telemedizin, Teleshopping etc. sind Begriffe, die während der ersten Interneteuphorie um die Jahrtausendwende zum ersten Mal Karriere gemacht haben. Erst heute sind die technologischen Voraussetzungen dafür wirklich gegeben, und es wird sich zeigen, in welchem Maße sie im Rahmen neuer Beschäftigungsmodelle, Ausbildungs- und Logistikkonzepte Verkehrsaufwände minimieren können. Im Augenblick geschieht leider das Gegenteil, denn durch eCommerce wächst das Transportaufkommen der Kurier-, Express- und Paketbranche gerade in den im Hinblick auf die Luftqualität besonders sensiblen innerstädtischen Lagen rasant. Schließlich ermöglichen digitale Technologien neue Vertriebs- und Marketingformen, die die gesamte Mobilitätswirtschaft, nicht nur die Autoindustrie und ihre Autohäuser, vor große Chancen – zum Beispiel das digitalisierte, persönliche Direktmarketing – sondern auch vor Herausforderungen stellen wird. Im Folgenden werden konkrete Entwicklungen und Zukunftserwartungen im Zusammenhang einiger mit Blick auf das Thema des Buches ausgewählter Innovationscluster beschrieben.

Connected Driving

Nachdem in den vergangenen zehn Jahren vor allem die fahrzeuginterne Vernetzung und Digitalisierung im Vordergrund stand, gilt die externe Vernetzung des Autos und des Fahrens, das sogenannte Connected Driving – auch als eine zentrale Voraussetzung des automatischen Fahrens –, als das nächste »große Ding« in der Automobilwirtschaft. Gemeint ist damit die Integration des Fahrzeugs ins »Internet der Dinge«, die Vernetzung der Fahrzeuge mit einer intelligenten, ebenfalls vernetzten Verkehrsinfrastruktur (Car2X) und die Vernetzung der Fahrzeuge untereinander (Car2Car). Der Austausch von stets aktuellen Positions- und Zustandsdaten über den Fahrer, das Fahrzeug und die Fahrsituation und Kontextbedingungen dient dabei im weitesten Sinne der Optimierung des Fahrens und des Gesamtverkehrsflusses im Sinne von Effizienzsteigerung (Infrastrukturauslastung, Stauvermeidung, Verstetigung des Verkehrsflusses, Parkplatzsuche) und Sicherheit. Weitere eng damit verknüpfte Aspekte sind die Optimierung von Navigationsprozessen und das On-Board-Infotainment. Diese *intramodale* Vernetzung des Systems Automobilität ist damit schließlich auch eng verbunden mit dem älteren Begriff bzw. Konzept der Verkehrs-Telematik, also intelligenten urbanen Verkehrsleitsystemen, Systemen zum Parkraummanagement etc. War die Verkehrs-Telematik bislang auf Auswertung von indirekten Daten angewiesen (Sensoren zur Verkehrsdich-

teerfassung, Staupiloten, Warnhinweise von Verkehrsteilnehmern), so entsteht aus dem angestrebten permanenten Echt-
zeitzugang zum Gesamtbild des vernetzten Verkehrsflusses
ein weiteres Optimierungspotential für den ruhenden wie für
den fließenden Verkehr und die Verkehrssicherheit. Intramodale Vernetzungsprozesse finden heute nicht nur im System
der Automobilität statt, sondern mit nach wie vor hohem
Optimierungspotential auch in anderen Verkehrssystemen
wie dem schienengebundenen Verkehr (z. B. zum Zwecke
der Verringerung des Abstandes zwischen Zügen zur Erhöhung der Auslastung einer Strecke).

Connected Mobility

Die möglichst friktions- und nahtlose »Mobilität aus einer
Hand«, die sogenannte Seamless Mobility oder auch Inter-
bzw. Multimodalität ist eine schon länger diskutierte Vision
gesamtsystemischer Verkehrsoptimierung, die allerdings erst
mit den heutigen Möglichkeiten digitaler Vernetzungsstrate-
gien und Geräte tatsächlich ermöglicht wird. Hier geht es darum, nicht mehr mit einem Verkehrsmittel alles zu machen,
wie bislang in europäischen und nordamerikanischen Gesellschaften mit dem Auto, sondern die Verkehrsträger auf eine
intelligente Art zu vernetzen, je nach ihren Vor- und Nachtei-
len und mit Blick auf die spezifischen Anforderungen des
jeweiligen Weges. Die digitalen Medien und ihre diversen
Applikationsmöglichkeiten spielen dabei die Rolle des technischen Integrators. Insbesondere die immer noch schnell an
Verbreitung gewinnenden Smartphone-Endgeräte erreichen
inzwischen den Status einer »Killer-Applikation« für neue
Mobilitätsdienstleistungen. Sie ermöglichen in Kombination
mit immer günstigeren Datenflatrates, dass die Transaktions-
kosten und -zeiten für die Nutzung von Mobilitätsdienstleistungen signifikant sinken, die Bedienungsoberflächen intuiti-
ver und nutzerspezifischer werden und der Konsum somit

einen spielerisch leichten und demonstrativen Charakter erhält. Digitalisierung ermöglicht also die Vernetzung von Verkehrsträgern aus Sicht der Angebotsseite durch verkehrsträgerübergreifende, integrierte Vorabinformation, Planung, Buchung, Zugang, On-Trip-Information und Abrechnung. Als Kunde kann ich mit Hilfe digitaler Technologien zum ersten Mal Wegeketten in Echtzeit planen, umsetzen und korrigieren. Im Augenblick ist das Endgerät noch ein Smartphone, vielleicht bald die intelligente »Google-Glas«-Brille oder akustisch basierte Devices oder eine Kombination von beidem. Buchungsplattformen wie Qixxit, Moovel oder die Vernetzungsplattform Smile der Wiener Linien sind gute Beispiele für Integratorenkonzepte, die bislang allerdings immer noch daran kranken, dass sie von einem Anbieter allein gestaltet und angeboten werden und dadurch nur eine geringe, meist nicht hinreichende Marktabdeckung erreichen. Es geht in dieser Innovationslinie also nicht nur um technische Umsetzbarkeit, sondern zukünftig vor allem um das grundsätzliche Problem der Kooperation in einem stark konkurrenzorientierten Verkehrsmarkt, um die Frage schließlich nach der Schnittstelle zum Kunden: Wem gehört der Kunde und vor allem: Wem gehören die Kundendaten?

Navigation, Information, Entertainment: Infotainment

Keine Fortbewegung ohne Navigation. Sie ist ein für Mobilitätsprozesse extrem wichtiger Bereich, der hinter den Debatten um Antriebstechnologien und Infrastrukturen prinzipiell etwas vernachlässigt wird. Navigation spielt in modernen, komplexen Gesellschaften eine zunehmend zentrale Rolle. Die fortschreitende Digitalisierung der Navigation verlangt heute die gleichzeitige Orientierung in drei Typen von Welten: Neben der realen Welt steht die Welt der Daten, und zwischen diesen beiden wächst die immer komplexer werdende Mischwelt aus digitalen und geographischen Raummarken, beweglichen Gegenständen und Menschen, die zunehmend mit einer virtuellen Bedeutungsschicht überzogen werden. Die virtuelle Welt des weltweiten Netzes, der Datenwolken und digitalen Parallelwelten ist heute durch den technologischen Fortschritt so überaus komplex geworden, dass wir uns auch dort bald nur noch mit individuellen Routenscouts und Rechercheassistenten zurechtfinden können. Leistungsfähige Infotainmentausstattungen entwickeln sich zu Standarderwartungen der Automobilkundschaft. Das Smartphone und andere mobile Endgeräte bringen eine zunehmende Integration von Navigations-, Informations- und Unterhaltungsfunktionen mit sich und zugleich die Loslösung von der fixen Montage im Fahrzeug. Infotainmentsysteme, gekoppelt mit den Standardkommunikationstechnologien, spielen vor allen in asiatischen Ballungsräumen für den Kunden eine große Rolle. Sie dienen dazu, die Aufenthaltsqualität im Fahrzeug während Stauzeiten zu verbessern bzw. die Wartezeit als Arbeits-, Informations-, Kommunikations- oder Entertainment-Zeit nutzen zu können.

Telependeln, Telepräsenz und Virtualisierung

Bei dieser digitalen Innovationslinie steht die Frage der möglichen Substituierbarkeit von Verkehren im Mittelpunkt: Wie können direkte Mensch-zu-Mensch-Interaktionen in dafür geeigneten Situationen durch Telepräsenz ersetzt und damit Verkehrsaufwand minimiert werden, etwa durch Video- und Telekonferenzen? Als Einsatzgebiete gelten: die Telemedizin, die Telearbeit, das Telelernen – Stichwort Massive Open Online Courses (MOOCs), Teleshopping bzw. e-Commerce, Telebanking und womöglich Anwendungsfälle des virtuellen Reisens zu Freizeitzwecken. Es können zwei Wirkprinzipien der Virtualisierung unterschieden werden: Ein verkehrserzeugender Effekt ist damit immer dann verbunden, wenn etablierte Wegemuster und Wege von Personen – zum Beispiel zum

Einkaufen von Nahrungsmitteln oder Kleidung – ersetzt werden durch Liefervorgänge, die die ursprünglichen Wege in Quantität wie Qualität (z. B. längere bzw. häufigere Wege, schlechtere Emissionsbilanz der verwendeten Transporter) überkompensieren. So wird beispielsweise die rasante Zunahme von sogenannten Kurier-, Express- und Paketkurierfahrten (KEP-Dienste) in Städten zu einem großen Anteil auf ein im Rahmen von e-Commerce verändertes Bestellverhalten zurückgeführt. Ein gutes Beispiel für die verkehrsreduzierenden Effekte der Virtualisierung ist der Geschäftsreiseverkehr. Durch bessere Videokonferenztechnologie, Skype und andere Kommunikationsvarianten gelingt es immer besser, Gespräche durch telepräsente Echtzeitkommunikation zu ersetzen. Zwar wird diese Option nicht für jede Form von Austausch angemessen sein, allerdings zeigt sich auch, wie vielfältig Online-Konferenztechnologie heute eingesetzt wird, etwa für gemeinschaftliche Konstruktions- und Entwurfsprozesse von Ingenieuren auf unterschiedlichen Kontinenten, wissenschaftliche Konferenzen oder regelmäßige Management-Workshops in global operierenden Firmen. Die Virtualisierung beschränkt sich in ihrer Anwendbarkeit nicht nur auf den Personenverkehr, sondern beinhaltet auch im Güterverkehr hohe Potentiale.

Die Digitalisierung der Automobilität

Es wird die digitale Vernetzungskompetenz sein, die die Automobilbauer der Zukunft auszeichnet und als Basis neuer Dienstleistungen und Betriebskonzepte wie dem automatisierten Fahren das Abschöpfen eines wachsenden Teils der automobilen und automobilnahen Wertschöpfung garantiert, während mit der reinen Produktion von Fahrzeugen zukünftig wahrscheinlich immer weniger Geld verdient werden wird. Auch der Zugang zu den Kundendaten spielt dabei eine immer größere Rolle. Drei Entwicklungstrends sind dabei entscheidend:

Erstens ist zu beobachten, dass die IT-Wirtschaft, insbesondere die global operierenden Firmen aus dem Silicon Valley – und zunehmend auch aus China –, seit wenigen Jahren die etablierten Branchengrenzen überschreitet und die etablierte Autoindustrie mit neuen Fahrzeug- und Antriebskonzepten und mit neuen Konzepten des Fahrens und des Nutzens von Automobilen auf der Grundlage ihrer digitalen Kompetenz direkt, visionär, kapitalkräftig und aggressiv angreift. Nach Google und Tesla arbeitete auch Apple eine Zeitlang an der Entwicklung eines Elektroautos und hatte dabei die Idee des vernetzten und automatischen Fahrens gleich mit im Blick. Der Schritt war folgerichtig und mit einer gewissen Wahrscheinlichkeit zu erwarten. Nicht ohne Grund ist es Apple, neben Google der zweite große IT-Anbieter mit eigenem Betriebssystem für mobile Endgeräte und dem bislang besten Gespür für gutes Design, der damit in den Mobilitätsmarkt einsteigen könnte. Hinzu kommen die vielfältigen und ebenfalls recht aggressiven Aktivitäten von ebenfalls mit großen Mengen an Risikokapital ausgestatteten Firmen wie Lyft, Didi Chungxing oder Uber. Sie setzen mit ihren Chauffeur- und Ride-Sharing-Aktivitäten weniger auf die Entwicklung von Fahrzeugen als auf die Etablierung einer neuen Nutzungskultur des Automobils auf Basis neuer digitaler Vernetzungs- und Betriebsplattformen. Automatisierungstechnologie spielt dabei ebenfalls eine zentrale Rolle, auch um über die Senkung der Betriebskosten durch die Realisierung des fahrerlosen Fahrens zukünftig den Einstieg in die urbanen Massenmärkte zu erleichtern. Schließlich sind die neuen chinesischen IT- und Technologiefirmen zu nennen, die sich auf den Einstieg in diesen Markt vorbereiten, wie die LeEco-Firmengruppe des Milliardärs Yueting, die Suchmaschinenfirma Baidu oder schließlich die von Jack Ma gegründete Handelsplattform Alibaba. Sie stehen direkt oder indirekt hinter einer

Reihe von Firmen wie Faraday Future, Atieva, LeSee und Future Mobility, die mit der Verknüpfung von Elektromobilität und Automatisierungstechnologie im Besonderen Angebote für die dichtgepackten chinesischen Ballungsräume anbieten wollen.

Damit ist der *zweite* Trend angesprochen: Ursprünglich getriggert durch Googles Vision Zero, also der Hoffnung, durch digitale Vernetzungs- und Automatisierungstechnologie den Straßenverkehr absolut sicher zu machen, indem der menschliche Makel ausgeschaltet wird, hat sich die schon lange existierende Vision des vollautomatischen Fahrens als äußerst wirkmächtiges industriepolitisches und strategisches Leitbild nun auch in den Köpfen der Automobilmanager und einiger Verkehrspolitiker etabliert. Dabei ist die Machbarkeit durchaus noch stark umstritten. Während die Automatisierungs-Optimisten eine sehr schnelle Markteinführung und ggf. enorme verkehrs- und städtebaupolitische Entlastungseffekte prognostizieren, erwarten die Kritiker eher die Markteinführung des fliegenden Autos als die des autonomen Fahrens in den kommenden Jahren. Technologisch können relativ unterkomplexe, homogene und regelhafte Fahrsituationen wie das Fahren auf kreuzungsfreien Bundesstraßen und Autobahnen tatsächlich schon heute sehr gut gemeistert werden und leisten ihren stetig anwachsenden Beitrag zur Erhöhung der Verkehrssicherheit. Hier bewegt sich die Autoindustrie bereits im Bereich des hochautomatisierten assistierten Fahrens und optimiert dieses kontinuierlich. Sehr viel umstrittener ist die Vision des vollautomatisierten Fahrens in dichtbewohnten urbanen Regionen, wie es die Player aus dem Silicon Valley oder China nicht ohne Grund forcieren. Denn hier wären die Vorteile am größten, z. B. die Flächenersparnis, die effiziente Infrastrukturauslastung, die ökologische Entlastung, auch Zu- und Wegbringerfunktion für den öffentlichen Verkehr in vollautonomen Robotertaxis und Kleinbussen. Zugleich wird die technologische Umsetzbarkeit im Augenblick womöglich

massiv überschätzt. Grund dafür sind die komplizierten gemischten Verkehrssituationen in den Städten. Hier sind Fußgänger, Radfahrer, Lkw und klassische Pkw ohne Automati-
sierungsfunktion womöglich auch noch in zwei oder drei
Jahrzehnten Realität. Aufgrund des defensiven Charakters der
Steuerungsalgorithmen funktioniert das automatisierte Fahren
bislang nur in einem in sich geschlossenen homogenen System wirklich verlässlich und sicher. Je homogener, desto besser. Diese Ausgangslage setzt nun voraus, dass ein solches
System geschaffen werden kann, zu dem Radfahrer und Fußgänger, Kinder, Katzen, Hunde, Füchse und Wildschweine
keinen unkontrollierten Zugang mehr haben und in dem zugleich die digitale Konnektivität der Infrastrukturen massiv
erhöht wird, damit die darin eingebundenen autonomen Fahrzeuge auch von der Intelligenz des Gesamtsystems profitieren
können. Die damit verbundenen verkehrspolitischen wie ethischen Debatten haben noch gar nicht richtig begonnen. Nicht
zu unterschätzen sind dabei auch die Hebel für privaten oder
organisierten Widerstand gegen solche Pläne – aus welchen
Gründen auch immer: Wenige Fußgänger, die sich nicht an
die an den Funktionserfordernissen des autonomen Fahrens
ausgerichteten Regularien halten und mit voller Absicht Fahrbahnen betreten oder rote Ampeln überlaufen, könnten so den
autonomen Autoverkehr einer ganzen Stadt sabotieren.

Schiebt man diese Bedenken aber für einen Augenblick
beiseite, ebenso wie beispielsweise etwaige Befürchtungen
angesichts der durchs automatisierte Fahren besonders forcierten »Transparent-Werdung« des einzelnen Kunden, so
könnte der 24 / 7- Betrieb automatisierter Ride-Sharing-Fahr-
zeugflotten nach einer Studie des Internationalen Transport
Forums der OECD (2015) tatsächlich zum Ausgangspunkt
der großangelegten und nachhaltigen Rekultivierung urbaner
Räume beitragen. Nach Aussage einer ITF-Studie zum untersuchten Fallbeispiel Lissabons würden knapp 10 % der heutigen Fahrzeugflotte Lissabons ausreichen, um in Kombination

mit einem gut funktionierenden und modernisierten öffentlichen Angebot des schienengebundenen Verkehrs ein im Vergleich zu heute identisches Mobilitätsniveau für die Bevölkerung zu erreichen. Nach Aussage des ITF ist diese Annahme auf die meisten mitteleuropäischen Städte übertragbar. Doch damit nicht genug, denn das wäre erst der Startpunkt für einen weitreichenden Stadtumbau unter Inanspruchnahme der enormen frei werdenden Flächen: Da weder der ruhende noch der fließende Verkehr aufgrund des neuen Nutzungsmodells der Kombination von Automatisierung und Sharing-Economy noch städtischen Raum im großen Maßstab benötigen, könnte dieser nun für den Ausbau der Radverkehrsinfrastruktur und der stadträumlichen Lebensqualität mit großen Grünflächen, Flächen für Nahmobilität, Spielstraßen und neue Wohnimmobilien umgenutzt werden. Der deutsch-schweizerische Verkehrsforscher Sauter-Servaes (2016) spricht in diesem Zusammenhang von der sogenannten Perma(nent)-Mobilität. Er soll an dieser Stelle zu Wort kommen, auch weil sein kurzes Szenario zeigt, dass der Einsatz des autonomen Fahrens nicht auch automatisch zur einer verbesserten urbanen Lebensqualität führt, sondern im besten Falle Freiräume schafft, deren Gestaltung dann politisch wiederum neu zu verhandeln wäre. Auch zeigt sein Zukunftsbild, dass die Rebound-Effekte des automatischen Fahrens in Richtung steigender Verkehrsleistungen und der dauerhaften Etablierung von Lebens- und Siedlungsstilen mit einer hohen Raumüberwindungslast riesig sein könnten, wenn man die Sache falsch angeht: *»Blickt man zurück auf den Systemwechsel von der Kutsche zum Automobil erscheint es logisch, dass die Automatisierung vollkommen andere Fahrzeugkonzepte hervorbringen bringen wird. Denkbar wäre ein CUV, ein Commuter Utility Vehicle (...). Mit dem automatischen Fahren verlieren lange Pendlerdistanzen endgültig ihren Schrecken. Das Auto wird zum Road Office, die Fahrtdauer analog zum Home Office als Arbeitszeit angerechnet. Nicht Leistung und Höchstgeschwindigkeit* *stehen im Fokus des Nutzers, sondern Komfort, Vernetzung und alternative Nutzungskonzepte (...). Mit der um ein Vielfaches bequemeren und zeiteffizienteren Raumüberwindung im CUV schwingt das Pendel der Urbanisierung zurück. Das günstigere und grünere Leben auf dem Land haucht alten Dörfern neues Leben ein. Was Starbucks heute ist, könnten CUVs für Arbeitsnomaden der Zukunft sein: ein angesagter Third Place irgendwo zwischen Wohnung und Arbeitsplatz. Dass ein derartiges Fahrzeug in der Stadt im Jahr 2015 keinen Parkplatz mehr finden würde, ist 2025 ohne Belang. Es benötigt keinen Stellplatz mehr, da es nach dem Absetzen seines Besitzers ohne Pause im Taxi-Modus für diesen Geld verdient – vielleicht auch nachts im Lieferbetrieb. Als rollende Variante der globalen Wohnungsvermittlungsbörse airbnb tritt ein riesiger Schwarm dieser privaten Sharing-Fahrzeuge gegen professionelle Flottenbetreiber an, die mit speziellen Vehikeln andere Marktsegmente bedienen werden. Wendige Einsitzer mit ungestörter Privatsphäre werden nach dem Nespresso-Prinzip die Verbundproduktion von Bussen und Bahnen attackieren. Kapsel statt Kanne auch im Verkehr. Kleinbusähnliche Mobile können dagegen verschiedene Mobilitätswünsche zu gemeinsamen Fahrten verknüpfen und als Sammeltaxi extrem kostengünstig eine Tür-zu-Tür-Beförderung ermöglichen (...). Die aus dem Wegfall der Parkplätze resultierenden Flächengewinne entsprechen einem gigantischen innerstädtischen Landerschließungsprogramm. Allein in der Stadt Wien würde eine Fläche von rund 7100 Fussballfeldern gewonnen. Die Herausforderung wird sein, den notwendigen Neuordnungsprozess der frei werdenden Verkehrsflächen für eine nachhaltige Steigerung der innerstädtischen Lebensqualität zu nutzen. Werden die Flächen nicht genutzt, um muskelkraftbetriebene Fortbewegungsformen in ihrer Attraktivität deutlich zu steigern, werden sich die Effizienzgewinne eines robotisierten Straßenverkehrs schnell zum Nachteil entwickeln: Stark sinkende Mobilitätskosten verbunden*

mit Qualitätssteigerungen werden Nutzungsfrequenz und Rei-
seweiten im Strassenverkehr explodieren lassen. Dann droht
der nächste Stillstand.«

Der *dritte* Trend ist die Erosion der automobilen Besitzkultur. Gerade die nachwachsende Kundschaft junger Stadtbewohner pocht – im allgemeinen Sinne der »Nutzen- statt Besitzen-Philosophie« der sogenannten Sharing-Economy – immer weniger auf den alltagspraktisch uneleganten, ökologisch ineffizienten und betriebswirtschaftlich irrationalen Besitz von Fahrzeugen und erwartet stattdessen den verlässlichen, flexiblen und zugleich kostengünstigen Zugang zu modernen Verkehrssystemen unter Einschluss automobiler Portionskonzepte nach dem Motto, warum eine ganze Küche kaufen, wenn ich nur hin und wieder kochen will? Selbstverständlich will man dabei auch unterwegs möglichst online und vernetzt sein. Das Autoteilen – »pay *per* use statt pay *and* use« – speist sich historisch betrachtet aus ökologisch-moralischen Motivlagen. Heute ist demgegenüber gerade bei jüngeren Marktteilnehmern eine sehr rationale Mischung aus Aspekten des Kostenbewusstseins bei knappen Kassen, Nachhaltigkeitsmotiven und funktionalem Pragmatismus zu beobachten. Mit anderen Worten: Warum mir ein teures Privat-Asset ans Bein binden, es parken, pflegen und versichern, wenn ich auf eine ganze Vielfalt stets moderner und technologisch hochwertiger Mobilitätsprodukte zurückgreifen kann?

Einhundert Jahre war Automobilität unmissverständlich verknüpft mit dem Besitz eines Fahrzeugs und der Notwendigkeit, es selbst steuern zu können, zu dürfen oder zu müssen. Beides steht nun grundsätzlich zur Disposition, und – ganz und gar unabhängig von der Frage, wie schnell sich die Fragen der technischen Machbarkeit, der nötigen smarten Infrastruktur und der verkehrsorganisatorischen Voraussetzungen klären – es ist nicht zu erwarten, dass sich diese Entwicklung wieder zurückdrehen lässt. Will man die sich aus dem neuen konzeptionellen Setting ableitbaren Entwicklungspfade auf einen Blick benennen und vorstellbar machen, so kann es hilfreich sein, sich das folgende innere Schaubild auszumalen: Stellen Sie sich eine Vier-Quadranten-Matrix vor. Die horizontale Achse ist definiert als Automobilverfügbarkeit, von links nach rechts graduell abnehmend vom Privatbesitz als dem einen Pol in Richtung des Autoteilens als zweitem Pol. Die vertikale Achse ist definiert als Grad der Automatisierung des Fahrens. Von unten nach oben graduell abnehmend vom Selbst-Steuern als einem der Pole hin zum vollautomatischen, autonomen Fahren als zweitem Pol dieser Achse. Nach Lage der Dinge befinden wir uns mit unserer heutigen automobilen Alltagspraxis noch überwiegend im Quadranten unten links, definiert als »selbst steuern und besitzen«. Einer der möglichen Entwicklungspfade zeigt nach oben links, definiert als »immer weniger selbst steuern, aber weiterhin besitzen«. Ein zweiter Entwicklungskorridor zeigt in den Quadranten rechts unten, definiert als »selbst fahren, aber immer weniger besitzen«. Die dritte Entwicklungsoption schließlich verweist diagonal in den Quadranten oben rechts, definiert als »immer weniger selbst steuern und immer weniger besitzen«, vulgo das vollautomatisierte Auto-Teilen als Chauffeur-, Car- und Ride-Sharing-Angebot. Nimmt man noch die Elektrifizierung des Antriebs hinzu, so lässt sich dieses mitunter als roboterelektrisches Autoteilen bezeichnete dritte Szenario als das im Augenblick dominante Entwicklungsleitbild der digitalen Branche fassen. Demgegenüber bildet das erste Szenario eher die bisherigen und aktuellen Aktivitäten der etablierten Autobauer ab. Das zweite Szenario ist das Geschäftsmodell der internationalen Carsharingszene. Es wird sich zeigen, inwiefern sich die dort etablierten Akteure als autonome Marktteilnehmer autonom halten können oder in ihrem Geschäftsmodell sowohl von der etablierten Automobilwirtschaft als auch von der digitalen Branche angegriffen, aufgekauft und integriert werden.

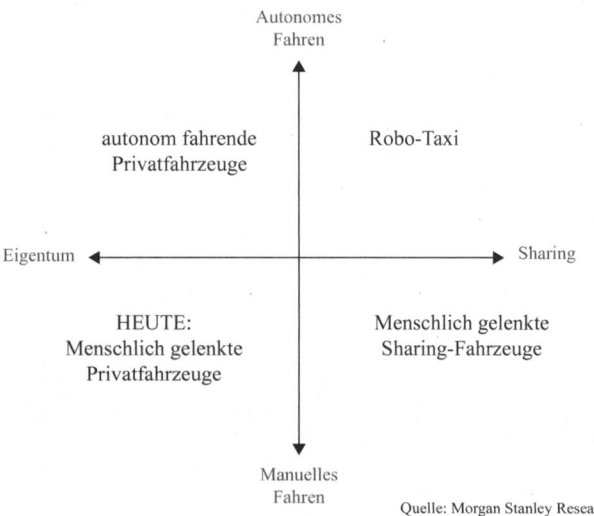

Quelle: Morgan Stanley Research

Dieses Schaubild kann nun aber auch genutzt werden, um im Spannungsfeld der drei Trajektorien die Landkarte unterschiedlicher Zukunftspfade auch für unterschiedliche Weltregionen und / oder raum- und siedlungsstrukturelle Settings zu entwerfen. So ist es zum Beispiel plausibel zu erwarten, dass in den dichtgepackten asiatischen Stadtregionen das roboter-elektrische Fahren als nutzungseffiziente Dienstleistung in Kombination mit dem Public Transit eine realistische Entwicklungsperspektive darstellt. Auch weil Siedlungsstrukturen in China nach wie vor neu aufgebaut werden und die raum- und verkehrsplanerischen Anforderungen des automatischen Fahrens im Sinne eines Leap-Frogs, also eines Innovationssprungs, dabei gleich mitberücksichtigt werden können. Demgegenüber wird in ländlichen Regionen überall auf der Welt der Automobilbesitz wahrscheinlich auch in Zukunft noch recht stabil sein, allerdings auch hier mit Tendenzen zur Automatisierung, so viel und so schnell wie es die technologische Entwicklung zulässt. Zeitgleich könnten gerade in ländlichen Regionen autonome Kleinbusflotten eine geschickte Allianz mit dem öffentlichen Verkehr etablieren – und diesen damit modernisieren und attraktiver machen –, insbesondere dort, wo flexible Angebotsformate gegenüber strikt getakteten und streckenfixierten Großgefäßen wie Bussen und Bahnen betriebswirtschaftlich wie ökologisch große Vorteile böten.

Steht die Branche angesichts dieser komplexen Entwicklungen nun vor dem Neustart, mit doppeltem Fahrerwechsel – dem auf dem Fahrersitz des Autos und dem in den Führungspositionen der Autobranche? Wie sich IT-Branche und traditionelle Autobauer zukünftig arrangieren werden, ob sie konkurrenz- oder eher kooperationsbasierte Strategien an den Tag legen werden, ist immer noch eine offene Frage. Nach Lage der Dinge kann man bei der Spekulation über die Zukunft aber von zwei Thesen ausgehen: Erstens erfordert die absehbare Entwicklung der Mobilitätsnachfrage konzeptionell eher Kooperation statt Konkurrenz. Die Herausforderungen sind so groß, dass sie ökologisch wie ökonomisch und sozial zukunftsfähig nur in gemeinsamer Anstrengung der Akteure gelöst werden können. Die bislang enorme Konkurrenz an den Verkehrsmärkten ist hier eher hinderlich. Zweitens sitzt die IT-Branche angesichts des enormen Erfolgs ihrer Produkte und der wachsenden Erwartung der Kundschaft an eine umfassend vernetzte smarte Lebenswelt strukturell womöglich am längeren Hebel. Die traditionellen Autobauer sind also auch aus dieser Sicht gut beraten, Kooperation (vor allem auch untereinander) zu suchen, statt in einen womöglich schon heute aussichtslosen Wettbewerb einzutreten.

Die automobilen Projekte von Google, Apple & Co könnte man vor dem Hintergrund dieser Annahmen womöglich als Signale an die Autoindustrie bewerten. Sie könnten damit sagen wollen: Seht her, die Macht ist mit uns! Wenn wir wollten, könnten wir uns sehr schnell in die Lage versetzen, in die souveräne Produktion elektromobiler und umfassend vernetzter urbaner Fahrzeugflotten einzusteigen. Wir haben das Kapital, wir haben die organisationskulturelle Flexibilität, wir können uns die elektromobile Technologie und ingeniöse Kompetenz beschaffen, und schließlich spielen uns im Kontext der neuen »Aufmerksamkeitsökonomie« sowieso alle zu erwartenden Nachfragetrends in der Mobilität wie in den anderen Märkten der Energie, der Gesundheit und des Wohnens in die Hände. Ihr solltet also besser mit uns zusammenarbeiten, denn davon hätten alle Beteiligten am Ende mehr. Mit Verweis auf die prognostische Demut, die angesichts der Unübersichtlichkeit und Geschwindigkeit der aktuellen Entwicklungen gerade in der Automobilwirtschaft geboten ist, lässt sich mit drei Szenarien über die mobilitätsbezogenen Pläne der IT-Branche die Spekulation noch weitertreiben:

1. Google, Apple & Co wollen selber Autos bauen. Google-Car und Apple-Titan sind der erste Schritt hin zur Verknüpfung von Elektromobilität und automatischem Fahren, ökologisch verträglich, hocheffizient und enorm sicher, so wäre das Imagelabel. In einer Zeit, in der immer mehr Wertschöpfung in Elektronik und digitalen Vernetzungstechnologien steckt, verringert sich der Anteil der Wertschöpfung, die die klassische Domäne der Autobauer ist. Google & Co oder IT-brancheninterne Kooperationen könnten hier Chancen sehen, selber OEM zu werden. Dieses Szenario scheint im Augenblick vom Tisch zu sein. Denn die IT-Branche möchte möglichst wenige Dinge, die ihnen Ärger machen können, wie Fabriken, die ausgelastet werden müssen, oder auch den Umgang mit Beschäftigten und den Gewerkschaften. Das nervt sie, das sollen andere für sie machen. Ein weiterer Grund spricht dagegen, dass die IT-Branche sich in die traditionelle Autobauer-Welt einkauft: Die Profitabilität selbst deutscher Premiumanbieter wie BMW oder Daimler ist im Vergleich zu den ge-

wohnten Renditeerwartungen der Aktionäre der digitalen Branche viel zu gering.

2. Google & Co zielen nicht auf den Markteintritt als OEM, sondern auf die Systemführerschaft in der gesamten globalen Welt des vernetzten automobilen Fahrens. Geplant ist nicht, im eigenen Fahrzeug nebenherzufahren, allein oder in Kooperation mit einem Autobauer, sondern in alle Fahrzeuge aller Hersteller einzusteigen. Ihr Ziel ist es, den umfänglichen Zugang zu allen abschöpfbaren Daten zu bekommen und auszuwerten und mit den Daten aus anderen Bedürfnisfeldern zu verschneiden und neu zu vermarkten. Google und Apple & Co wollen mit ihren automobilen Testballons Bewegung in die Szene bringen und sich bei der Neusortierung der Szene die beste Startposition sichern, z. B. auch gegenüber den anderen IT-Größen in der Branche. Technische Basis dieser Strategie wären digitale Plattformen, mit denen im Grunde beliebige Fahrzeuge beliebiger Hersteller zu mobilen digitalen Knotenpunkten im weltweiten Netz gemacht werden können. Wenn es für die klassischen Autobauer schlecht läuft, würden die Softwarefirmen in diesem Szenario die Hoheit über die Technologie, den Kundenzugang und die Kundendaten bekommen. Die Autobauer würden dabei über kurz oder lang zu Zulieferern degradiert.

3. Die IT-Branche will in den gesamten Markt der vernetzten verkehrsträgerübergreifenden Mobilität einsteigen. Die Digitalisierung des Autos ist ein konsequenter erster Schritt hin zu einem urbanen, intermodal vernetzten Autobaustein vernetzter Mobilität. In diesem Szenario wäre die Güte und Menge der abgreifbaren Daten am größten, man hat potentiell Zugriff auf alle Menschen, die sich im urbanen Kontext mit Hilfe digitaler Schnittstellen bewegen, da prinzipiell alle Menschen auch Verkehrsteilnehmer sind. Alle Verkehrsteilnehmer und alle Verkehrswege können so im idealtypischen Falle erfasst und ihre Daten wirtschaft-

lich genutzt werden. Hier ist auch die Schnittstelle zum Gütertransport am größten, der ein weiterer Testballon des Markteintritts werden könnte. Hier liegen auch Kooperationen zwischen digitalen Marktplätzen wie Amazon und Ebay und Drohnen für die Lieferlogistik nahe. Eine gewisse Dynamik der Entwicklung von intermodalen Schnittstellen ist ebenfalls erkennbar, allerdings bei weitem nicht so groß wie die rein fahrzeugbezogenen Aktivitäten.

Vor allem das letzte Szenario zeigt, dass die Digitalisierung dazu geeignet ist, eben nicht nur die Autoindustrie neu zu formatieren, sondern die gesamte Mobilitätswirtschaft. Die Bahnen und die Betreiber kollektiver urbaner Verkehrssysteme stehen im Grunde vor denselben Fragen wie die Autobranche. Heute schon haben die IT-Firmen den besten Zugang zu den Kunden und auch die beste Meta-Informationslage über Wegemuster und Verkehrssituationen, die eine ideale Basis für die Entwicklung und Vermarktung neuer Mobilitätsdienste bietet. Auch aus ökologischer und sozialer Sicht wäre dieses letzte Szenario womöglich das wünschenswerteste, weil es die fatale Dominanz des Automobils im Zusammenhang der digitalen Gesamtoptimierung urbaner Logistik reduziert und die individuelle Selbstbeweglichkeit zukunftsfähig neu definiert.

Das im Augenblick wahrscheinlichste Szenario ist jedoch das zweite, da es an die etablierte Pfadabhängigkeit der automobilen Kultur anschließt und deswegen kurzfristig auch der IT-Branche die größten Gewinnmargen verspricht. Und in der Tat zeigen die jüngsten Veröffentlichungen und Verlautbarungen der IT-Branche, dass sie es wahrscheinlich weniger darauf abgesehen hat, eigene Fahrzeuge zu bauen, als vielmehr die elektronischen Plattformen für das autonome Fahren zu liefern, also sämtliche Soft- und Hardware, die nötig sein wird. Die etablierten Autohersteller sind aus dieser Perspektive zukünftig womöglich allenfalls als Zulieferer der Fahrzeuge bzw. Komponenten gedacht. Die Kooperation zwischen Google und Fiat-Chrysler geht in diese Richtung, und angesichts der Kräfteverhältnisse ist ganz klar, dass in diesem Team Google der Koch und Fiat der Kellner sein dürfte. Die jüngst bekanntgegebene Kooperation der Daimler AG mit Uber könnte sich hingegen für beide Firmen als Vorteil erweisen. Eine Garantie allerdings dafür, dass Daimler im Rahmen dieser Kooperation nicht doch irgendwann ebenfalls zum Zulieferer von Fahrzeugen degradiert wird, während Uber die Hoheit über die digitale Plattform und damit die Kundenschnittstelle behält, gibt es nicht. Im schlechtesten Fall würde Daimler allein für die einmalige Produktion der Fahrzeuge zuständig sein, während Uber stetig an den Umsätzen mit den digitalen Geschäftsmodellen um dieses Fahrzeug herum verdienen würde und zugleich die Hoheit über die generierten Nutzerdaten an sich ziehen könnte.

Ist die deutsche Autoindustrie also zu defensiv und zögerlich? Die Kooperation von BMW mit der israelischen Softwarefirma Mobileye und neuerdings Intel, ebenso wie der gemeinsame Kauf von Here, einem Hersteller digitaler Karten und Navigationssysteme, durch Daimler, BMW und Audi zeigen, dass Teile der Autoindustrie die Gefahr sehr wohl erkannt und die Hoffnung nicht aufgegeben haben, aus eigener Kraft und mit einem eigenständigen Geschäftsmodell eines in sich geschlossenen digitalen Ökosystems in die Zukunft des autonomen Fahrens gehen zu können. Auch Mazda, Ford und Toyota kooperieren und haben ein eigenes Betriebssystem entwickelt, welches sie kostenlos allen frei zur Verfügung stellen, die in diesem Bereich aktiv werden wollen. Das Feld möchte man also nicht der digitalen Branche, hier insbesondere Google, allein überlassen, schon gar nicht die Formulierung der technologischen Standards. Dass diese Anstrengung sich schon allein ökonomisch alsbald als hochprofitabel erweisen könnte, unterstreicht eine jüngere Studie der Beratungsfirma KPMG. Die Experten gehen auf der Basis einer

Befragung davon aus, dass ein autonomes und digital vernetztes Fahrzeug aufgrund der dann möglichen autonahen Geschäftsmodelle in seiner Lebenszeit zehnmal mehr Umsatz generieren könnte als ein herkömmliches Auto.

So oder so findet der Fahrerwechsel in der Mobilitätswirtschaft gerade statt. Man kann der Autoindustrie wie der gesamten Branche wohl nur raten: Digitalisiert euch und kooperiert untereinander, sonst werdet ihr womöglich vom Markt verschwinden oder zu Zulieferern von automobiltechnischer Hardware degradiert. Aber eine zukunftsfeste Garantie bietet wohl auch das im Augenblick nicht.

Risiken und Dilemmata der Digitalisierung der Mobilität

In den öffentlichen und wissenschaftlichen Debatten wird versucht, mit der rasant laufenden Entwicklung der Transformation aller Lebensbereiche durch den Einsatz digitaler Medien und Technologien einigermaßen Schritt zu halten. Im Vordergrund stehen dabei in Europa die rechtlichen und politischen Dimensionen der informationellen Selbstbestimmung, der Datensicherheit und der Manipulierbarkeit von Menschen als Kunden wie als Wahlbürger mit Hilfe digitaler Technologien und Medien. Zweitens wird unter dem Stichwort Industrie 4.0 sehr intensiv über die Transformation von Produktionsformen und Märkten und deren Beschäftigungseffekte diskutiert, und nur sehr nachrangig werden bislang ökologische Fragen und Fragen der Angreifbarkeit von digital vernetzten Infrastrukturen in den Blick genommen. Neben den Chancen der Digitalisierung sind also bereits jetzt einige der Probleme ihrer weiteren Entwicklung gut erkennbar, die für eine Gesamtabwägung hinreichender Politikkonzepte mitbetrachtet und deswegen kurz angesprochen werden sollen.

Die »informationelle Selbstbestimmung« ist das Recht des Einzelnen, über die Preisgabe seiner personenbezogenen Daten zu bestimmen. Nach Rechtsprechung des Bundesverfassungsgerichts handelt es sich um ein Datenschutz-Grundrecht, das im Grundgesetz nicht ausdrücklich erwähnt wird. Personenbezogene Daten sind nach Art. 8 der EU-Grundrechtecharta geschützt. Die Digitalisierung bringt dieses Recht nun in zweierlei Hinsicht in Gefahr. Einerseits durch die unter dem Stichwort »Big Data« diskutierte, bislang weitestgehend legale Sammlung, Verschneidung, Auswertung und Neuvermarktung von personenbezogenen Daten durch die Anbieter und Betreiber von IT in großem Ausmaß, wie sie mit der Nutzung digitaler Systeme, Devices und Dienstleistungen in allen Lebensbereichen einhergeht. Andererseits die Ausspähung von personenbezogenen Daten durch Cyberkriminelle bzw. staatliche oder private Geheimdienstorganisationen zu Überwachungs- und Manipulationszwecken. Die Digitalisierung der Mobilität und ihrer Infrastrukturen ist neben dem Gesundheitsmarkt der Bereich, in dem zukünftig große Mengen personenbezogener Daten von hoher Güte und Differenziertheit abgeschöpft werden können. Die Vernetzung der Fahrzeuge sowie die Vernetzung der Kunden über die Einbindung ihrer Smartphone-basierten intermodalen Mobilitätsassistenten in digitale Verkehrssystemarchitekturen ermöglichen die umfassende Nachverfolgung aller Verkehrsteilnehmer. Insofern ortsbezogene Aktivitätsmuster in Verknüpfung mit weiteren Daten (Zahlungsvorgänge, Kommunikation, körperbezogenen Daten, etc.) eine enorme Transparenz des Einzelnen mit sich bringen, ist die weitere digitale Durchdringung des Mobilitätsmarktes aus Sicht des Interesses am Schutz des Rechtes auf informationelle Selbstbestimmung eine enorme Herausforderung. Dieser wird neben verbesserten Präventionsmechanismen für kritische Infrastrukturen und verbesserten internationalen Standards für Sicherheitssysteme gegenüber illegalen Datenabschöpfungen zukünftig wohl nur mit einem sehr viel stärkeren Problembewusstsein der einzelnen Konsumenten zu begegnen sein. Prinzipiell wird die Digitalisierung aber grundsätzlich zu einer größeren Transparenz des Einzelnen führen.

Resilienz

»Alle Räder stehen still, wenn der Hacker es so will.« Diese Variante der alten Arbeiterkampfparole könnte sich zu einem düsteren Leitmotiv unserer digitalen Zukunft entwickeln. Je digitaler und vernetzter die Welt sich bis in die kleinsten Nischen des alltäglichen Lebens darstellt, je mehr das »Internet der Dinge« ausgreift, desto größer wird auch die Verletzbarkeit aller kritischen Infrastrukturen. Je größer die Systemkomplexität, desto größer ist im Zweifel das Gefährdungspotential. Sei es durch missgünstige IT-Spezialisten oder katastrophale Naturereignisse, deren Folgen im schlechtesten Fall durch Dominoeffekte weltweit schmerzhaft spürbar werden könnten. Die Angreifbarkeit der komplexen und technologisch sich vielfach überlagernden Infrastrukturen ist gleichbedeutend mit der Verletzbarkeit der gesamten Gesellschaft, die auf diesen Infrastrukturen aufbaut. Gefährdet sind staatliche Verwaltungsstrukturen ebenso wie IT-basierte Geschäftsprozesse in privaten Firmen und Verwaltungen, Industrieanlagen und Energie-, Versorgungs- und Verkehrssystemen. Nehmen wir einmal an, es gelänge einem IT-Spezialisten, sich mit einer Schadsoftware einen Weg in die Ferndiagnoseserver der großen Autofirmen zu bahnen. Er könnte mit einem einzigen Knopfdruck ganze Fahrzeugflotten manipulieren, stillstehen lassen oder sonst wie die Kontrolle übernehmen. Da die Zukunft der Automobiltechnologie in der Elektrifizierung, Digitalisierung und Automatisierung von Funktionen liegt, die bislang mechanisch dargestellt wurden, wird dieses Risiko mit jeder neuen Fahrzeuggeneration größer. Gleiches gilt für die Navigationsarchitekturen des modernen Weltverkehrs, sei es auf See, in der Luft oder auf den Straßen, wo millionenfach verbreitete Navigationsgeräte an Bord von Pkw und Lkw Störungen kommunikationstechnischer Art möglich machen. Und es gilt auch für die Steuerungszentralen der öffentlichen Verkehrsanbieter, für die komplexen Steuerungs- und Sicherheitsstrukturen der Bahnen und die Leitsysteme des Straßenverkehrs in den urbanen Zentren. Ein Beispiel für die Verletzbarkeit der engmaschigen globalen Transport- und Logistikmaschinerie durch Naturereignisse ist der Ausbruch eines kleinen isländischen Vulkans im Jahr 2010, den zuvor kaum jemand auf der Welt zur Kenntnis genommen hatte. Für ein paar Tage brachte er mit seinen scharfkantigen und deswegen für Flugzeugturbinen äußerst gefährlichen Aschepartikeln fast den gesamten Flugverkehr Europas zum Stillstand. In der Folge sah man, dass die »Just-in-Time«-Logistik so störungsempfindlich ist, dass die europäische Industrie an den Rand einer größeren Produktionskrise geriet. Insgesamt gilt: Überall dort, wo der Schritt vom einzelnen Fahrzeug mit weitgehend mechanischen Funktionen zum vernetzten, automatisierten und digitalen Gewebe eines hochgradig integrierten Gesamtverkehrssystems gemacht wird, entstehen neue Risiken. Das Kriterium der Resilienz, also der Robustheit und Widerstandsfähigkeit von Systemen und Fahrzeugen gegenüber zufälligen oder absichtlich verursachten Störfällen wird für die Gestaltung einer zukunftsfähigen Mobilität also eine mindestens ebenso große Bedeutung haben wie die Kriterien der Umweltverträglichkeit und der Verkehrssicherheit.

Ressourcenintensität

So leicht, transparent und allgegenwärtig sich die Nutzung digitaler Technologien und Dienstleistungen in den alltäglichen Anwendungen zunehmend darstellt, so umfänglich sind die für ihre Bereitstellung und ihren Betrieb notwendigen Mengen an Ressourcen und Energie: Noch ist auch die Digitalisierung eine überwiegend fossile Angelegenheit. Zudem benötigen Endgeräte wie Smartphones, Tablets und PCs seltene, teure und im Prozess ihrer Gewinnung oft ausgesprochen umweltschädliche Rohstoffe. Auch müssen Netzinfrastrukturen aufgebaut und die immer umfänglicheren Serverfarmen mit hohem Material- und Energieaufwand gebaut, betrieben und gekühlt werden. Die noch gering ausgeprägte Debatte über die Ressourceneffekte wird mitunter unter dem Stichwort »Green IT« geführt. Die meisten Untersuchungen konzentrieren sich dabei auf den Verbrauch von Energie während der Nutzungsphase. Die materialseitigen und energetischen Wirkungen von Herstellung, Transport und Entsorgung sind hingegen kaum untersucht. Die ökologischen Gesamteffekte können aufgrund der lückenhaften Datenlage daher nur rudimentär abgeschätzt werden und beziehen sich hier vor allem auf die Frage des Energieverbrauchs. Zum Stromverbrauch der IKT-Branche in Deutschland lassen sich einige für das Gesamtthema Ressourcen in der Tendenz wohl beispielhafte Aussagen treffen: Der Stromverbrauch durch IuK-Technologien ist im letzten Jahrzehnt stark angestiegen und lag 2010 mit 538 TWh bei 11 Prozent des gesamten Stromverbrauchs in Deutschland (UBA 2012:2). 2001 betrug der Anteil der IKT-Branche noch 8 Prozent mit 484 TWh. Zukünftig ist damit zu rechnen, dass der Strom- und Ressourcenverbrauch durch IKT aufgrund der stark wachsenden Gesamtnachfrage weiterhin stark ansteigen wird. Für Deutschland ist davon auszugehen, dass der IKT-bedingte Stromverbrauch bis zum Jahr 2020 um weitere 50 Prozent steigen könnte. Die Stromnetze könnten dadurch wesentlich belastet werden – mit Folgen für Versorgungssicherheit und Umwelt (Borderstep/IZT 2012:77). Etwa 2,5 Milliarden Menschen weltweit haben heute Internetzugang. Im Jahr 2017 wird der Zeitpunkt erreicht sein, an dem die Hälfte der Weltbevölkerung online sein wird – und damit etwa 3,6 Milliarden Menschen. Als Folge werden Stromverbrauchssteigerungen um 60 Prozent oder mehr bis zum Jahr 2020 prognostiziert. Mittlerweile verbraucht das weltweite Cloud Computing mit 700 Milliarden Kilowattstunden mehr Strom als die gesamte Bundesrepublik. Wäre das Internet ein Land, so hätte es den weltweit sechstgrößten Stromverbrauch. Greenpeace (2014) hat in einer Studie die 19 global führenden IT-Unternehmen untersucht, die den Wechsel zum Cloud Computing vorantreiben und einen Großteil der Internet-Daten verarbeiten. Es hat sich gezeigt, dass sich immerhin sechs große Cloud-Markenführer (Apple, Box, Facebook, Google, Rackspace, Salesforce) dem Ziel verpflichtet haben, ihre Datenverarbeitung vollständig auf erneuerbare Energien umzustellen. Rein regenerativ betreibt bislang allein Apple seinen Serverpark im Süden der USA mit Solar-, Wasser, Hydro- und Geothermalkraft. Sehr schlecht schneiden Ebay und vor allem Amazon ab, das in dem Report als »eines der schmutzigsten und intransparentesten Unternehmen im Internet« bezeichnet wird. Aufgrund des großen Kühlungsbedarfs werden immer mehr Rechenzentren in Skandinavien gebaut. Auch in Island und Norwegen werden Rechenzentren geplant, ebenfalls in Finnland, wo Google bereits eines mit Meereskühlung in Betrieb genommen hat. Damit entwickeln sich IT-Unternehmen womöglich zu wichtigen Playern der Energiewende, die einen großen Beitrag zur Umstellung auf erneuerbare Energien leisten könnten.

Reboundeffekte

Eng mit der Frage der Ressourcenintensität verbunden ist die Frage der sogenannten Reboundeffekte. Gemeinhin werden Innovationen eingesetzt, um Zeit, Kapital oder Ressourcenaufwände zu minimieren. Solche Effizienzsteigerungen sind allerdings mit dem unter Ökonomen zunehmend diskutierten

Problem der Überkompensation der beabsichtigten Einsparungen durch Mehraufwendungen an anderer Stelle verknüpft. Der Begriff »Rebound«, zu Deutsch »Zurückspringen« verweist auf diesen Effekt. Eine vielbeachtete Studie von Madlener und Alcott (2011) hat sich umfassend mit dem Problem beschäftigt. Sie schlagen diese Definitionen vor: »Der Begriff ›Rebound‹ deckt alle Auswirkungen einer technischen Effizienzsteigerung auf die Nachfrage in einer Wirtschaft ab, nicht nur jene bei den direkt betroffenen Gütern und Dienstleistungen, die durch den Fortschritt effizienter geworden sind.« Viele Studien untersuchen z. B. das Konsumverhalten, nachdem jemand ein ›sparsameres‹ Fahrzeug gekauft hat, die zusätzlich gefahrenen Kilometer oder vielleicht auch den Kauf eines zusätzlichen Fahrzeugs. Andere messen, wie viel mehr geheizt wird, nachdem ein Wohnhaus besser isoliert und die Beheizung dadurch kostengünstiger geworden ist. Dieser Rebound wird als Direktrebound bezeichnet. Indirekter Rebound hingegen bezeichnet alle anderen Auswirkungen: Nach der Effizienzsteigerung hat z. B. der Konsument Kaufkraft übrig, die in alle nur denkbaren Produkte investiert werden kann.

Insofern die unterschiedlichen Innovationskorridore der Digitalisierung der Mobilität alle im weitesten Sinne zu einer Effizienzsteigerung der Nutzung einzelner Produkte führen bzw. auf eine gesamtsystemische Effizienzsteigerung abzielen und damit eine enorme Technologierendite versprechen, ist das Thema der Reboundeffekte gerade hier unbedingt mit im Blick zu behalten, vor allem wenn man mit dem Einsatz digitaler Technologien auf eine ökologische Gesamtoptimierung abzielt. Als eine direkte Schlussfolgerung ergibt sich aus den digitalen Rebounds, dass digital unterstützte verkehrssystemische Innovationen mit ökologischem Anspruch immer im Gesamtkontext komplementärer Handlungsansätze zu betreiben sind. Einer etwaigen Optimierung des urbanen Verkehrsflusses für den fließenden und ruhenden Verkehr durch verkehrstelematische Lenkung digital vernetzter, womöglich sogar autonomer Autoflotten stünde in dieser Denkweise dann also die Notwendigkeit eines Handlungsansatzes gegenüber, der die weiteren, dadurch möglichen Wachstumsprozesse der Automobilität durch geeignete fiskal- oder ordnungspolitische Instrumente auf ein gewünschtes Niveau reguliert. Damit ist nun auch die Möglichkeit generalisierter, gesamtgesellschaftlicher Reboundeffekte der Digitalisierung angesprochen. Hier kann vielleicht eine Metapher dem Verständnis weiterhelfen, die den funktional hochdifferenzierten und deswegen strukturell auf ein hohes Maß an integrationsleistender Mobilität angewiesenen »Organismus der Gesellschaft« mit allen seinen Straßen, Leitungen und Austauschprozessen gleichsetzt mit dem biologischen Organismus, seinen Blutbahnen, Nervenleitungen und Schaltzentralen. Zu befürchten ist nun, dass die Digitalisierung auf den gesellschaftlichen und wirtschaftlichen Gesamtorganismus so wirken könnte, wie viele Liter koffeinhaltige Getränke oder aufputschende Drogen auf den menschlichen Organismus wirken würden: Es kommt zu einer enormen Beschleunigung und Dynamisierung aller körperlich-metabolischen bzw. gesellschaftlichen Vorgänge, zu eher kurzfristigen Steigerungseffekten – und eben nicht zu nachhaltig-dauerhaften Entwicklungen –, mit allen damit verbundenen Effekten eines gesteigerten Ressourcendurchsatzes, Flächenverbrauches, Zerstörung sozialer Strukturen und Institutionen etc. Das hat dann mit einer stetigen, auf Nachhaltigkeit angelegten Entwicklung womöglich nicht mehr viel zu tun und könnte – wie von Ernst Ulrich v. Weizsäcker im Zusammenhang von Effizienzdebatten schon mehrfach vorgeschlagen – allein durch eine am Effizienzzuwachs orientierte allgemeine Verbrauchsbesteuerung von Energie und Ressourcen ausgeglichen werden.

Zweiter Zwischenstopp:
Zukunftspfade der Automobilität

Will man die vorangehenden vier Kapitel auf eine zusammenfassende Formel bringen, so spricht heute vieles dafür, dass der langanhaltende und große Erfolg der etablierten Autobauer mit der enormen technischen Kompetenz bei den fossilen thermischen Antrieben und der unternehmerischen Strategie des Wachstums mit hohen Stückzahlen nach den Höhenflügen der vergangenen Jahre in Zukunft nicht mehr viel weitergetrieben werden kann. Die Rahmenbedingungen für Mobilität und die Trends der Nachfrage nach Mobilitätsprodukten verändern sich rasant. Bevölkerungswachstum, urbane Verdichtung und die beschriebenen, mit steigender Mobilitätsnachfrage massiv anwachsenden Phänomene des urbanen Dichtestresses wie Raumknappheit, Engpässe für den fließenden und ruhenden Verkehr, mangelnde Verkehrssicherheit und Emissionsprobleme erzwingen vor allem auf den zukünftigen Wachstumsmärkten der Mobilität in Asien und Lateinamerika neue Mobilitätskonzepte. Sie werden im Kern auf emissionsarmen Antrieben und einer gesteigerten Nutzungseffizienz von Produkten und Infrastrukturen aufbauen müssen. Auch die nachwachsende Kundschaft pocht immer weniger auf den betriebswirtschaftlich im Grunde uneleganten Besitz von Fahrzeugen und erwartet stattdessen den verlässlichen, flexiblen und zugleich kostengünstigen Zugang zu modernen Verkehrssystemen. Selbstverständlich will man dabei auch unterwegs möglichst online und vernetzt sein.

Ein zentraler Ankerpunkt dieser zukünftigen Entwicklung wird also vor allem die Art und Weise des Einsatzes digitaler Technologien und Medien sein: Werden Daten das »Big Oil« dieses Jahrhunderts sein und dazu beitragen können, die fossile Abhängigkeit zu beenden? Indem sie eine neue, hocheffiziente Systemarchitektur intermodaler Verkehrskonzepte und die Umstellung auf eine dezentrale regenerative Stromversorgung ermöglichen? Oder werden ubiquitäre Datenströme die realen Austauschprozesse nur noch mehr befeuern und im »Rasenden Stillstand« (Virilio) eines nicht mehr zu bewältigenden Verkehrswachstums münden? Beide Varianten sind möglich, aber in unterschiedlichem Maße wahrscheinlich:

Die Diskurslage der öffentlichen Debatten, das reale Investitionsvolumen der Automobilwirtschaft und der IT-Branche und die aktuell erkennbaren Strategien zeigen nach wie vor einen klaren Schwerpunkt bei der weiteren evolutionären Optimierung des automobilen Systems und seines weiteren Wachstums. Für diese Annahme des »Weiter-So« spricht vor allem, dass die wichtigsten industriellen Strategien und Aktivitäten unter dem Schlagwort »Connected Drive« auf die Automatisierung und die digitale intramodale Vernetzung des Subsystems Straßenverkehr abzielen und dabei vom Verkehrsministerium ideell, infrastrukturell und rechtlich massiv unterstützt werden. Am Zukunftshorizont erscheint das Bild des teil- oder vollautomatisierten, im besten Falle (teil-)elektrisch angetriebenen, verkehrstelematisch integrierten und ständig mit dem Internet vernetzten Fahrzeugs, welches sich weiterhin – ginge es nach den Vorstellungen der deutschen Autobauer – überwiegend im Privatbesitz befindet. Die IT-Branche sieht das bekanntermaßen etwas anders. Im Machtkampf zwischen Automobil- und IT-Branche bringen sich die Spieler gerade in Stellung, wobei immer noch nicht gänzlich absehbar ist, mit welcher Taktik kapitalstarke Firmen wie Google sich in Zukunft wohl positionieren werden und ob und wie stark sie auch die urbanen Märkte des Public Transit, des öffentlichen Verkehrs, angreifen werden. Klar ist nur, dass die IT-Firmen nach den Prinzipien der Aufmerksamkeitsökonomie versuchen werden, die Zeit ihrer Kunden auch im Fahrzeug dauerhaft mit den Diensten ihrer digitalen Ökosysteme zu binden, um Kunden- und Strukturdaten zu generieren, die mit den Daten aus anderen Branchen verschnitten zu profitablen neuen Geschäftsmodellen führen sollen. Anders gesagt: Das Auto soll zu einer digitalen Plattform wie das Smartphone werden. Die Idee ist dabei immer auch, die Zeit, die ein Mensch im Auto verbringt, dadurch in Umsatz umzuwandeln, dass er zugleich im Netz ist und dort Dienste nutzt und Inhalte konsumiert.

Die Innovationskorridore der intermodalen, verkehrsträgerübergreifenden Vernetzung und des Telependelns sind demgegenüber viel zu wenig im Blick von Politik und Unternehmen, gleichwohl die Digitalisierung hier die größten gesamtsystemischen Optimierungspotentiale im Sinne von Nachhaltigkeit und Postfossilität eröffnen würde. Das verkehrspolitische Leitbild dieses Entwicklungsszenarios wäre eine energie- wie verkehrswirtschaftlich integrierte Systeminnovation der Elektromobilität über die Verknüpfung aller Verkehrsträger auf Basis regenerativer Energieversorgung und digital vernetzter dezentraler Speicherarchitekturen. Das Auto würde in diesem Leitbild vom bisherigen Universalverkehrsmittel zum elektromobilen »Autobaustein«, über Geschäftsmodelle für Car- und Ridesharing eng eingebunden in das Konzept einer möglichst nutzerfreundlichen »Seamless Mobility« im angebotsseitigen Zusammenspiel aller Verkehrsträger, einschließlich des Fahrrades, welches in sehr vielen Städten der Welt gerade eine enorme Renaissance erlebt.

Dieser Zug ist noch nicht abgefahren. Die Digitalisierung hat nach wie vor die Chance, im Rahmen dieses Leitbildes dazu beizutragen, die nicht zukunftsfähigen Mobilitätsformate der Erdölepoche in nachhaltige Gesamtsysteminnovationen einer dann womöglich solar-digital zu nennenden Phase zu transformieren. Die Verknüpfung von digitalen Techniken, postfossilen bzw. im Endeffekt »solaren« Antriebsvarianten, einer massiv gesteigerten Nutzungseffizienz von Fahrzeugen und Infrastrukturen im Personen- wie im Güterverkehr, flächendeckenden Bemühungen zur Substitution von Verkehr durch Telematik und Virtualisierung in Verbindung mit innovativen raum- und siedlungswirtschaftlichen Planungsinstrumenten zur Förderung von Dichte, autofreier Nahmobilität und Regionalität hätte prinzipiell sehr wohl das Potential, eine Nachhaltigkeitstransformation der Mobilität ohne Qualitätsverluste im Blick auf Erreichbarkeit und Zugänglichkeit zu Infrastrukturen der Daseinsvorsorge zu realisieren.

Zu befürchten ist jedoch, dass die digitalen Zukunftsoptionen nicht für einen Paradigmenwechsel genutzt werden, sondern der bekannten Logik weiteren Wachstums und zunehmender Beschleunigung dienen. Deswegen bedarf es heute politischen Mutes und der Fähigkeit zur Einsicht, dass nur frühzeitiges Agieren – auch entgegen den kurzfristigen Interessen etablierter und mächtiger Lobbys – verhindert, dass diese Gesellschaft als Ganzes am Ende aus einer Sackgassenposition mit dem Rücken zur Wand agieren muss. Dieser Wandel wird nur funktionieren mit Hilfe eines Primates der Politik für das Leitbild der neuen verkehrsträgerübergreifenden Mobilität, bei dessen Umsetzung die angesprochenen Schattenseiten der ansonsten für diese Strategie ungemein hilfreichen digitalen Technologien unbedingt mit in den Fokus der Gestaltungsbemühungen rücken müssen. Insbesondere beim Ressourcenthema steht wie vorangehend beschrieben die Frage im Raum, inwiefern die Verwendung digitaler Techniken nicht auch die »ökologischen Rucksäcke« von Transportdienstleistungen sehr viel schwerer macht. Nötig sind hier geschlossene Ressourcenkreisläufe im Sinne einer »Cradle-to-Cradle-Ökonomie« (Braungart / McDonough: 2009), die dann auch neue industrielle Entwicklungs- und Produktionsformate erfordern würden, die zu etablieren die digitalen Techniken wiederum sehr unterstützen könnten. Auch die Frage des zukünftigen – womöglich sehr viel geringeren – Beschäftigungsbedarfes erscheint dabei als eine der großen Herausforderungen.

Sie bezweifeln die Umsetzbarkeit bzw. sogar die Legitimierbarkeit eines Primates der Politik gegenüber dem etablierten Primat der Ökonomie? Die während des Schreibens dieses Buches immer mehr Kontur gewinnenden Pläne des neuen U. S.-amerikanischen Präsidenten Donald Trump zeigen, dass der Primat der Politik auf erschreckende Weise tatsächlich funktioniert, der in diesem Fall ausgelöste Rollback allerdings in eine problematische Richtung weist und letztlich dann doch wieder auf einem impliziten Primat der Ökonomie aufbaut. Denn die populistische Politik Trumps für das sogenannte »einfache Volk« wird auf mittlere Sicht nichts anderes mit sich bringen als eine weitere Stärkung und Bereicherung der Eliten und großen Unternehmen in den USA und die weitere Verschärfung der sozialen Ungleichheit. Steuersenkungen für Unternehmen, Senkung von Umweltstandards, Ausbau der Erdölversorgung, das alles zeigt außerdem, dass Trump sich ganz klar als Statthalter des etablierten automobil- und mineralölindustriellen Komplexes positioniert. Dem Bemühen um die Nachhaltigkeitstransformation der globalen Autoindustrie weht der Wind damit ganz klar aus der falschen Richtung entgegen.

Umso mehr liegt nun die Hoffnung auf dem Verständnis und der Veränderungsbereitschaft in der deutschen und europäischen Automobil- und Verkehrspolitik. Sie könnte im Übrigen durch die Politik Trumps erst recht unter Druck geraten. Ein selbstbewusst vorgetragener, grundsätzlicher Wandel des Geschäftsmodells einschließlich neuer und überraschender Kooperationen könnte vielleicht auch in dieser Hinsicht einen Ausweg bieten. Von den Schwierigkeiten, Chancen und Visionen einer neuen Automobilpolitik handeln die folgenden Kapitel im letzten Abschnitt dieses Buches.

8. STOPP & GO –
ZUKUNFTSFÄHIGE AUTOMOBILPOLITIK IST SCHWIERIG ABER MÖGLICH

> »Our Struggle for Global Sustainability will be won or lost
> in Cities.« (ehem. UN-Generalsekretär Ban Ki-Moon)

Wer A sagt, sollte auch bereit sein, B zu sagen. Das gilt auch
für eine glaubwürdige Nachhaltigkeitspolitik in der Mobilität.
Soll heißen: Wer wie die deutsche Bundesregierung bislang
vor allem rhetorisch die schlechte Luftqualität in deutschen
Städten und den Klimawandel stoppen will, sollte dafür also
auch wirklich etwas tun. Gleiches gilt für die Verbraucherin-
nen und Verbraucher, die sich bislang eher nach der Devise
»Wasch mich, aber mach mich nicht nass« verhalten. Die bereits erwähnte Studie des Umweltbundesamtes besagt, dass
fast achtzig Prozent der Deutschen sich sauberere und leisere
Städte mit weniger Verkehr und einer größeren Lebensqualität
wünschen. Man fragt sich angesichts dieser Zahl nicht nur,
wer denn eigentlich die vielen großen, verbrauchs- und emissionsintensiven Fahrzeuge kauft, sondern auch, warum Verkehrspolitik noch immer ein so schwieriges, ein so stark und
ideologisch umkämpftes Politikfeld ist. Mit anderen Worten:
Die Sachlage ist eigentlich klar, die Handlungsnotwendigkeit
wissenschaftlich sehr gut untermauert, und die politischen
Konzepte sind bekannt. Heute gibt es wohl weniger einen
Mangel an Regulierungswissen als an politischem Umset-
zungswillen und Umsetzungskraft. Warum fallen Veränderungen so schwer? Warum scheut sich »die Politik«, das Wollen
zu wollen, und was ist eigentlich »die Politik«? Vor dem Versuch, diese Frage mit Blick auf das Thema dieses Buches zu
beantworten, ist es sinnvoll, einige grundsätzliche Überlegungen zur Verkehrspolitik vorauszuschicken.

Was ist Verkehrs- und Automobilpolitik?

Wenn wir im Deutschen von Politik sprechen, meinen wir mindestens zweierlei Dinge, für die es in der englischen Sprache ganz eigene Begriffe gibt. Spricht man im Englischen von »politics«, so meint man den politischen Prozess, Machtverhältnisse, Einflussmöglichkeiten und den Streit um Positionen, Meinungen und Mehrheiten, der in den öffentlichen und institutionellen Politikarenen im Vorfeld und auch noch während des gesetzgebenden Handelns stattfindet. Spricht man dagegen im Englischen von »policy«, so sind damit die Sachprobleme und die Inhalte politischer Entscheidungen, etwa bestimmte verkehrs- oder umweltpolitische Ziele, Strategien und Maßnahmen, gemeint. Sie sind zum einen Ausgangspunkt, zum anderen Ergebnisse politischer Aushandlungsprozesse. Um Politik zu verstehen, muss man also immer beides in den Blick nehmen, wobei an dieser Stelle der Blick auf den politischen Prozess (*politics*) vor allem interessiert.

In diesem Sinne vorinformiert, kann man den Prozess der Verkehrspolitik beschreiben als das Kräftespiel und die Aushandlungsprozesse der verschiedenen, um die gesellschaftlichen und individuellen Notwendigkeiten von Mobilität und Verkehr herum gruppierten staatlichen und parlamentarischen Aufgabenträger und gesellschaftlichen Interessengruppen. Am Ende dieser mit den Mitteln demokratischer Entscheidungsfindung herbeigeführten Abstimmungs- und Ausgleichsprozesse stehen spezifische »Outcomes«, meistens in Form gesetzlicher Regulierungen des Verkehrsablaufs bzw. der einzelnen Verkehrsträger und Verkehrstechnologien. Es sind vor allem aber auch Entscheidungen im Hinblick auf die Finanzierung, Ausgestaltung und Erhaltung von Investitionen in Verkehrsinfrastrukturen.

Verkehrspolitik findet dabei mitnichten allein im Verkehrsministerium statt, obwohl es – als ein Schlüsselressort über gigantische Investitionssummen für Schienennetz, Straßenbau, Wasserwege, Flughafenbau etc. gebietend – die dominierende Institution dieses Politikfeldes ist. Der Etat des Bundesministeriums für Verkehr und digitale Infrastruktur (BMVI) bleibt auch in Zukunft der größte Investitionshaushalt der Bundesregierung. Er stieg 2016 im Vergleich zum Vorjahr um 5,5 % auf insgesamt rund 24,6 Milliarden Euro. Die Investitionen in Straßen, Schienen, Wasserwege und die digitale Infrastruktur stiegen dabei auf mehr als 13 Milliarden Euro. Durch den Investitionshochlauf stehen in den kommenden Jahren so viel Mittel für die Infrastruktur bereit wie noch nie zuvor in der Geschichte der Bundesrepublik. Neben diesem Superministerium reden in Sachen Verkehrspolitik auch noch das Umwelt-, das Wirtschafts- und das Forschungsministerium, die Landesparlamente und der Bundestag, die Parteien, das Kanzleramt und die EU-Institutionen mit. Und das ist allein der legislative und exekutive Bereich auf den verschiedenen Politikebenen von der EU bis zur einzelnen Gemeinde. Hinzu kommen die gesellschaftlichen Interessengruppen vom Verband der Deutschen Automobilindustrie (VDA), dem Allgemeinen Deutschen Automobil-Club (ADAC), dem Verkehrsclub für Deutschland (VCD), den Umweltverbänden wie BUND, Greenpeace oder WWF bis zu den Gewerkschaften oder dem Fahrgastverband Pro Bahn. Analog dazu kann die spezifisch automobilbezogene Verkehrspolitik als das Kräftespiel der speziell um das technische Gerät Automobil und seine Infrastrukturen herum gruppierten staatlichen und gesellschaftlichen Akteure definiert werden. Dass dabei strukturell sehr ungleiche Chancen und Einflussmöglichkeiten der Interessenträger, aber auch Ineffektivität, Ignoranz und Bigotterie eine wichtige Rolle spielen und immer wieder zu einer dramatischen Verschleppung von Problemlösungen beitragen, davon handelt der folgende Abschnitt.

Lügen, Lobbys, Leichtgewichte –
Das Drama der deutschen Verkehrspolitik

Ein Drama ist definiert als ein Bühnenstück mit negativem Ausgang, als ein bewegendes, letztlich aber verhängnisvolles Geschehen. So gesehen ist es ein Drama, das heute auf der Bühne der Verkehrs- und Automobilpolitik gegeben wird. Es ist ausgestattet mit allen Zutaten und Schauspielern, die ein klassisches Drama so braucht: mit starken Emotionen und Aversionen, mit Helden, Winkelzügen und Bösewichtern, Intriganten und Dummköpfen. Moderner formuliert: Im normalen Politikgeschäft regieren heute neben und in den etablierten Verfahren eben auch Lügen, Lobbys und Leichtgewichte mit. Das mag provokant klingen, ist aber eine empirisch recht treffende Einschätzung des aktuellen Zustands weiter Teile der deutschen Verkehrspolitik und sicher einer der gewichtigen Gründe für die dort nicht oder nur sehr langsam stattfindenden Veränderungen in Richtung Innovation und Nachhaltigkeit.

Dass Lügen und Halbwahrheiten, verzögerter Aufklärungswille und Bigotterie in der Verkehrspolitik, insbesondere in ihrer Ausprägung als Automobilpolitik, immer wieder eine Rolle spielen, hat zuletzt Dieselgate noch einmal untermauert. So haben das Verkehrsministerium und die ihm unterstellten Fachinstitutionen im Vorfeld, aber auch in der Aufklärung von Dieselgate keine besonders ruhmreiche oder dem Bürger gegenüber sonst irgendwie besonders bemühte oder verantwortungsvolle Rolle gespielt. Aber auch die Lobbys, die gutorganisierten Interessengruppen der Mobilitätslandschaft, insbesondere aber die der (Auto-)Mobilitätswirtschaft haben einen meist strukturkonservativen, veränderungs- und innovationshindernden Einfluss, der weder dem Gemeinwohl noch den mittel- und langfristigen Eigeninteressen der betroffenen Einflussgruppen und Branchen selbst wirklich gut bekommen. Auch hier hätte man sich mit Blick auf Dieselgate von den

Fachverbänden auf deutscher und europäischer Ebene, dem VDA und der ACEA, gewünscht, dass sie sich zu Anwälten der schnellen Aufklärung im Sinne der Kunden und Stadtbewohner gemacht hätten, anstatt einmal mehr den kurzfristigen Brancheninteressen zu huldigen. Schließlich – Stichwort Leichtgewichte – ist das Politikfeld trotz des enormen Investitionshebels der verhandelten finanziellen Mittel nicht unbedingt dafür bekannt, dass sich dort die wirklichen politischen Größen und gestaltungsfähigen Politiker tummeln würden. Mit anderen Worten: In der Administration wie in den Parteien sind es nicht immer die hellsten Leuchten am Baum, die mit der Verkehrspolitik beauftragt werden oder sich ihrer annehmen. Auch das schwächt die politische Gestaltungskraft enorm.

Ganz anders in den Lobbyorganisationen der Angebotsseite, die durch finanzielle Mittel und gute bis sehr gute personelle Ausstattungen einfach meistens allein deswegen schon am längeren Hebel in Bezug auf Expertise, Öffentlichkeitsarbeit und Politikberatung sitzen. Niemand aus Politik und Verbandslandschaft würde heute den starken Einfluss von Interessengruppen auf politische Entscheidungen bestreiten. Fakt ist: Die Lobby wirkt bei der Politikentstehung mit. Es ist für die verschiedensten Politikfelder nachgewiesen, dass die Vertreter ökonomischer Interessen dabei systematisch ungleich größere Chancen haben, politische Entscheidungen zu beeinflussen als beispielsweise Umwelt- oder Sozialverbände und nennt sich in politikwissenschaftlicher Sprache »asymmetrischer Pluralismus« (Heinze 1981: 70). Dieser liegt zum einen darin begründet, dass die verschiedenen großen Unternehmen und Wirtschaftsbranchen weitaus größere Ressourcen in die Lobbyarbeit stecken können, zum anderen und vor allem aber an der Tatsache, dass ihre Interessen ganz grundsätzlich auf ungleich offenere Ohren treffen: Wachstum, Arbeitsplätze, regionaler Wohlstand, Wählerstimmen – so lautet die schlichte aber zunehmend unzeitgemäße Gleichung, die in einem auf

Maximierung und Erhalt von Macht angelegten System mit vierjährigen Wahlzyklen immer noch gut aufgeht. Der Politikwissenschaftler Lehner (1983: 103) kam diesbezüglich schon vor knapp dreißig Jahren zu der Einschätzung, dass die Idee einer Gleichgewichtskonzeption der pluralistischen Demokratietheorie nur ein idealtypisches Modell ist, das real so nicht vorfindlich ist. Seine Analyse ist auch heute noch gültig: Die gleichwohl real existierenden pluralistischen Strukturen der hochindustrialisierten Demokratien würden bestimmte Interessen nicht entsprechend ihrer gesellschaftlichen Bedeutung repräsentieren. Vielmehr begünstigten sie Kapital- und Arbeitsinteressen. Damit würden Interessen, die nicht direkt und positiv mit der ökonomischen Produktion und der angenommenen Mehrung des volkswirtschaftlichen Wohlstands zusammenhängen, zum Beispiel die Interessen von Verbrauchern oder Umweltschützern, systematisch unterrepräsentiert. In einer Zeit, in der mutige und große Schritte der Veränderung nötig wären, um Unternehmen, Branche und Volkswirtschaft zukunftsfest aufzustellen – eben gerade auch mit Blick auf den zukünftigen volkswirtschaftlichen Wohlstand – und dabei die etablierten Pfade zu verlassen, sind die den Status quo konservierenden Kräfte, die allenfalls eine evolutionäre Entwicklung zulassen, eben nicht nur kontraproduktiv, sondern sie werden irgendwann sogar richtig gefährlich.

Als wäre dieses Ungleichgewicht nicht schon problematisch genug, so schießt die Mitwirkung der Lobbyisten an der Politik mitunter weit über den akzeptierten und auch legalen Rahmen hinaus, wie das Beispiel eines Personalaustauschprogramms mit dem wunderbar euphemistischen Namen »Seitenwechsel« zeigte. Es wurde von der rot-grünen Koalition offiziell 2004 ins Leben gerufen. Diese skandalöse Geschichte der Einflussnahme der Wirtschaft auf staatliche Entscheidungen wurde von den Journalisten Adamek und Otto (2008) in dem vielbeachteten Buch *Der gekauft Staat. Wie Konzernvertreter in deutschen Ministerien sich ihre Gesetze selbst schreiben* aufgearbeitet. Dieses Buch veranlasste nach Erscheinen sogar den Bundesrechnungshof dazu, erstmals Prüfer in alle Bundesministerien zu schicken. Unter dem Slogan »Für einen modernen und schlanken Staat«, so beschrieben es die Autoren, wurden im Rahmen dieses Programms Mitarbeiter von Konzernen als Fachleute in Bundesministerien eingesetzt, weiterhin bezahlt von ihren Arbeitgebern aus der freien Wirtschaft, und umgekehrt wurden Staatsbeamte in Unternehmen eingesetzt. Teilgenommen haben dabei alle Bundesministerien, die hessische Staatskanzlei, die Deutsche Bank, BASF, Siemens, SAP, Lufthansa, ABB, Daimler und die Volkswagen AG. Es liegt auf der Hand, dass und warum alsbald ungleich mehr Unternehmensmitarbeiter in der staatlichen Verwaltung eingesetzt wurden als umgekehrt. Richtig ruchbar wurde die Angelegenheit allerdings in dem Moment, als die Wirtschaftsvertreter als Fachleute die Gelegenheit bekamen, an genau den Gesetzesinitiativen mitzuarbeiten, die die Regulierung der eigenen Branche betrafen. Vom Fluglärmgesetz über die Legalisierung der Heuschreckenfonds, den Ausverkauf öffentlicher Projekte an Baukonzerne, das Energiewirtschaftsgesetz, die Gesundheitsreform bis hin zu milliardenschweren Investitionsprojekten wie der Lkw-Maut – immer hatten Großkonzerne bezahlte Mitarbeiter in Ministerien platziert. So konnte beispielsweise ausgerechnet ein Mitarbeiter des Frankfurter Flughafenbetreibers Fraport AG jahrelang als Sachbearbeiter im Verkehrsministerium just an einer Gesetzesinitiative zum Fluglärm mitarbeiten, die die Interessen der Flughafenbetreiber an weiterem Wachstum beeinträchtigt hätte, wäre sie in ihrer ursprünglichen Form verwirklicht worden. Dank des Fraport-Mitarbeiters im Verkehrsministerium ging die Sache für die Luftbranche sehr gut aus. Das Lärmschutzgesetz von 2006 enthielt eine für den Flughafen in Frankfurt sehr günstige Ausnahmeregelung für die geplante Flughafenerweiterung, die von Insidern auch als »Lex Fraport« bezeichnet wird. Ein weiteres Beispiel betrifft die Prozesse im Vorfeld der Einführung der LKW-

Maut. Hier ist es Daimler nach Aussage der Autoren gelungen, mit Hilfe des Austauschprogramms einen hochrangigen Mitarbeiter der Konzernstrategie im Ministerium zu platzieren und damit den Prozess der Vergabe an das von Daimler geführte Konsortium Toll Collect zum Erfolg zu führen. Der Staatsrechtler und Verwaltungsjurist Hans Herbert von Arnim hielt beide Vorgänge seinerzeit für schlichtweg rechtswidrig und bezeichnete sie als eine Form der Korruption.

Jüngstes Beispiel dieser kruden Mischung aus Inkompetenz und Geneigtheit gegenüber den Interessen der industriellen Lobbys ist der im Januar 2017 vom Verkehrsministerium vorgelegte Gesetzesentwurf zum Autonomen Fahren. Er wurde von Kritikern als handwerklich lausig gemacht, als Werbebroschüre für das Autonome Fahren, als Zumutung für den Verbraucher und schließlich sogar als Anschlag auf den Straßenverkehr bezeichnet. Die Kritik entzündet sich – neben der »völlig unangebrachten Hast«, so sowohl der ADAC als auch der Präsident des Verkehrsgerichtstages Kay Nehm, und der allzu offensichtlichen Nähe zu den digital-autonomen Wunschträumen der Automobilindustrie – vor allem an der Tatsache, dass das Haftungsrisiko für das Versagen der technisch ja noch lange nicht vollständig ausgereiften Systeme allein beim Fahrer oder Halter des Fahrzeugs bzw. deren Versicherungen liegen soll. Ein Gesetz, so der Kommentator Heribert Prantl (2017), das dieses Produkt beim jetzigen Stand der Technik forciert in den Straßenverkehr bringen will, sei ein ebenso betrügerisches wie gefährliches Gesetz.

Jenseits dieser Ineffektivitäten und »Schmutzeleien« des Politikbetriebs hat es Verkehrspolitik aber vor allem mit der grundsätzlichen Problematik schrumpfender Handlungsspielräume zu tun. Das wurde bereits im ersten Zwischenfazit als ein Resultat der historischen Entwicklung kurz angesprochen. Darum geht es im folgenden Abschnitt nun etwas ausführlicher, denn es ist der die Stimmung dominierende Hintergrundsound des Dramas der Verkehrspolitik.

Verkehrspolitik im goldenen Käfig

Gehen wir einmal davon aus, dass anders als eben beschrieben alles mit rechten Dingen und größter Professionalität zugehen würde. Dass es in der Politik keine Ineffektivität, keine Ignoranz und keine Korruption gäbe. Gehen wir zudem davon aus, dass Politiker in der Mehrzahl Politiker wären, um zu gestalten, nicht um die einmal erreichte Macht zu verwalten und mit ihr das diesem Machtkonzept zugrundeliegende Wirtschafts- und Gesellschaftsmodell dauerhaft möglichst stabil zu halten, anstatt mit aller Kraft nach einem neuen, zeitgemäßen Modell zu suchen. Dennoch würde dabei, wer (Verkehrs-)Politik betreiben wollte, sich mit der schlichten aber folgenreichen Tatsache konfrontiert sehen, dass wir in einer über Jahrhunderte gewachsenen Welt unserer materiellen Infrastrukturen, sozialen Institutionen und subjektiven Gewohnheiten leben. Nach über zweihundert Jahren moderner Gesellschaftsentwicklung, spätestens aber seit dem Wachstums-, Wohlstands- und Globalisierungsschub der Nachkriegszeit des 20. Jahrhunderts ist Politik aufgrund dieser »Gewordenheit« bzw. der daraus entstandenen »Pfadabhängigkeit« prinzipiell mit viel geringeren bzw. schwieriger zu handhabenden (verkehrs-)politischen Handlungsspielräumen ausgestattet als früher. So war es beispielsweise eine ungleich geringere politische Herausforderung, die Länder dieser Welt mit einem ausgeklügelten System von Bundesstraßen, Autobahnen, Tank- und Raststätten, Raffinerien und Flughäfen zu überziehen, Asphaltschneisen und Kreuzwege in die damals weithin lobby- und damit widerstandslose Natur zu legen und das bis dahin Unstrukturierte mit der kombinierten Gestaltungsmacht von fossiler Energie, mechanischem Maschinenpark, ingeniöser Planungswut, Politikoptimismus und der Ideologie des liberalen Konkurrenzkapitalismus sich untertan zu machen, als dieser so geschaffenen Strukturiertheit achtzig Jahre später im unter Volllast laufenden Betrieb eine neue Struktur, gewissermaßen ein neues, postfossiles und nachhaltiges Betriebsmodell der Mobilität entgegenzusetzen, dessen Umsetzung zwangsläufig enorm vielen etablierten Interessengruppen auf die Füße treten muss.

Letztere Aufgabe sieht sich heute mit der Beharrungskraft eines nunmehr in Stahl, Beton und die Ideologie des Wachstums gegossenen Kulturmodells konfrontiert, welches sich um die Verfügbarkeit grenzenloser und billiger fossiler Mobilität herum über die Jahrzehnte kondensiert hat, während Erstere sogar noch von der Sogwirkung genau dieser Leitvorstellung uneingeschränkter Bewegungsfreiheit beflügelt wurde. Anders gesagt: Es ist eben ungleich leichter, eine Entfernungspauschale und eine Eigenheimzulage zu etablieren, als sie Jahrzehnte später wieder abzuschaffen. Es ist einfacher, Dieselsubventionen einzuführen, als sie wieder zurückzunehmen. Es ist einfacher, Straßenraum für den Autoverkehr auszubauen, als ihn später wieder zurückzunehmen und für den nun wachsenden Radverkehr umzuwidmen, usw., denken Sie sich weitere Beispiele aus. Immer geht es dabei um die Frage, wie einmal ausgeweitete und etablierte sozioökonomische Möglichkeitsräume unter den neuen Bedingungen globaler Verknappung von Lebensraum und Ressourcen intelligenter zu nutzen bzw. sie womöglich sogar wieder einschränken zu müssen.

Die nachhaltigkeitsorientierte Gesellschaftspolitik im weitesten Sinne – hier verstanden als die Gesamtheit der umwelt-, ressourcen- und klimapolitischen Strategien und Aktivitäten von Politik, Unternehmen und Bürgern und damit auch die nachhaltige Verkehrspolitik – steckt heute genau in dieser Sackgasse: Einerseits erschafft die Wissenschaft ein immer genaueres und auch drastischeres Bild von den Mechanismen und Folgen der Wirkzusammenhänge anthropogener Umweltzerstörungen und den eigentlich nötigen politischen Antworten darauf, andererseits gelingt es trotz immer besseren Wissens nicht, angemessene Politikoptionen zu entwickeln und umzusetzen. Vor allem eines gelingt nicht: der Bevölkerung ein Grundgefühl der Verantwortlichkeit und der Machbarkeit zu vermitteln und neben der staatlichen Politik den einzelnen Bürger als ökologisch handlungsfähigen Akteur und Marktteilnehmer zu profilieren. Dabei wäre dies aber in doppelter Hinsicht notwendig: Zum einen ist eine den heutigen (verkehrs-)ökologischen Problemen angemessene gesellschaftliche Reaktion nicht mehr ohne die deutliche qualitative Veränderung privater Lebensstile denkbar. Zum anderen sind das Bewusstsein für die Machbarkeit und die individuelle Bereitschaft zu einer ökologischen Transformation in einer demokratischen Gesellschaft zentrale Voraussetzung für die politische Legitimität starker und wirksamer Strategien staatlicher Nachhaltigkeitspolitik, auch im Verkehrssektor. Erneut: Die Verkehrspolitik weiß heute in vielen Bereichen recht genau, wie sie zu handeln hätte, kann dieses aber nicht umsetzen bzw. nur unter Inkaufnahme des schwer kalkulierbaren Risikos politischen Machtverlustes angesichts einer Wahlbevölkerung, die die Notwendigkeit einer nachhaltigen Transformation der Mobilität entweder nicht einsieht oder aber bereits so tief in einer lähmenden kulturpessimistischen Negativtrance apokalyptischer Zukunftsangst und Hoffnungslosigkeit gefangen ist, dass ihr der finale und wenn noch möglich maximal lustvolle Ritt auf dem Vulkan allemal attraktiver erscheint als substantielle Bemühungen und Lebensstiländerungen. Diese fatale Mischung aus grundsätzlicher Problemeinsicht, Ratlosigkeit, falschen Hoffnungen, totalen Problemnegationen, relativierenden Problemverschiebungen, der Beharrungskraft von Verhaltensroutinen und Wertorientierungen und schließlich schlichten privaten Egoismen bestimmt heute weite Teile des ökologie- und verkehrspolitischen Diskurses und schmälert damit die Handlungsfähigkeit von Politik im Hinblick auf Legitimität ihrer Maßnahmen und Unternehmen im Hinblick auf Zahlungsbereitschaft der Konsumenten ganz enorm.

Was also tun? Die Hände in den Schoß legen? Der Blick in einige Metropolen gibt trotz aller Schwierigkeiten zumindest einigen Anlass zu verkehrspolitischem Optimismus. Denn gerade Städte können einen verkehrspolitischen Unterschied machen. Städte sind aufgrund der demographischen Entwicklung, aber auch aufgrund ihres prinzipiellen sozialen Labor- und Experimentalcharakters zukünftig womöglich eine der wichtigsten Bühnen, auf denen der Abgesang von der Automobilität inszeniert wird, jetzt schon und in Zukunft erst recht. Ob dieser am Ende als Drama oder als Lustspiel aufgeführt wird, ist eine offene Frage. Stellvertretend für alle Städte, die neue Wege in der Verkehrspolitik gehen, mit ziemlich mutigen und wenig machterhaltungsfixierten Politikern, steht Kopenhagen und die besondere Form der politischen Verfahren, die hier ausprobiert werden und die man als eine Art »kooperativen Urbanismus« (Hebert 2016: 330) bezeichnen könnte.

Copenhagenized Mobility Culture

Wer als Tourist am Morgen nach der Ankunft auf der Suche nach Frühstück unvorbereitet auf die Nörrebrogade in Kopenhagen tritt, wird glauben, auf einem anderen Stern erwacht zu sein. Es ist kaum möglich, die Straße hinüber zum Bäcker zu überqueren, so unablässig, dicht und schnell strömt der Verkehr. Dabei geht es überraschend gelassen zu, und auch das Atmen fällt nicht schwer, anders als an anderen Hauptverkehrsstraßen in anderen Hauptstädten der Welt. Das diesem erstaunten Touristen bislang unbekannte Geheimnis dieser Stadt hat sich bald gelüftet: Man sagt, es sei die Fahrradhauptstadt der Welt, und es sind tatsächlich tausende Radler, die sich am Morgen über breite Radwege in die Innenstadt ergießen, in großen Radler-Platoons, oft in ganzen Hundertschaften, die sich von Kreuzung zu Kreuzung schieben, an denen sie meistens sogar Vorrang vor dem Autoverkehr haben. Man wird überall in Kopenhagen zu jeder Jahreszeit dasselbe Bild vorfinden: Menschen aller Altersgruppen und sozialen Milieus sind auf dem Rad unterwegs. Für die kommenden Jahre wird sogar ein Anteil des Rades am Berufs- und Ausbildungsverkehr von über sechzig Prozent aller Verkehrsteilnehmer erwartet, und im aktuellen Jahresdurchschnitt hat das Zweirad einen Anteil von dreiunddreißig Prozent an der gesamten Verkehrsmittelnutzung. Dafür hat Kopenhagen aber auch einiges getan: Insgesamt 1000km² Straßenfläche wurden für ein Netz aus breiten Radwegen, sicheren Abstellmöglichkeiten und Schnellfahrstrecken für Radler umgewidmet. Flanierflächen für Fußgänger in der Innenstadt wurden ausgeweitet und Grün in die Stadt zurückgeholt. Zugleich wurde das Parken im öffentlichen Raum nach und nach eingeschränkt, und private Parkhäuser wurden geschlossen. Der noch vorhandene Parkraum wird bewirtschaftet, und das korrekte Einhalten der Parkzeiten und Orte wird strikt überwacht und geahndet. Schwarzparken auf einem Radweg, und sei es nur für fünf Minuten, ist hier kein Kavaliersdelikt, sondern eine sehr teure Angelegenheit. Durch die strikte Kontrolle beweist die kommunale Exekutive Respekt vor den eigenen Plänen und Konzepten und zeigt: Wir meinen es wirklich ernst.

Doch setzt Kopenhagen nicht nur aufs Rad, sondern auf den integriert gedachten Gesamtumbau der urbanen Mobilität einschließlich eines sehr leistungsfähigen und vernetzten öffentlichen Verkehrs und der Förderung der neuen Formen der kollaborativen Mobilität wie Car-, Ride- und Bike-Sharing-Systeme und einer nachhaltigen Güterlogistik, die ebenfalls stark auf das Zwei- oder Dreirad setzt. Mit anderen Worten: Der sogenannte Umweltverbund aus Fahrrad, fußläufiger Nahmobilität und einem gutausgebauten öffentlichen Verkehr dominiert hier mehr und mehr den Verkehr, das Auto wird immer stärker nachgeordnet, und seine Besitzer und Fahrer müssen sich den neuen Spielregeln anpassen. Mit den Worten des französischen Ethnologen und Stadtliebhabers Marc Augé formuliert: »Es scheint, als hätte der Polytheismus der Radler den Monotheismus des Erdöls zu Fall gebracht.«

Das alles könnte man nun als »Copenhagenized Mobility Culture« bezeichnen. Als städtisches Soziallabor urbaner Transformation, mithin der ökonomischen, politischen und kulturellen Neudefinition der auch hier bis vor einiger Zeit automobildominierten urbanen Mobilität, und als eine der Hauptspielfelder Kopenhagener Zukunfts- und Nachhaltigkeitspolitik, wie sie im langfristig angelegten Entwicklungsplan »Green Copenhagen« programmatisch festgelegt wurde. Als entscheidend dabei erscheint: Neben ganz klaren Zielen wird dieses Reallabor konturiert von den besonderen Diskursregeln, politischen Beteiligungsformaten und dem Selbstverständnis der skandinavischen Zivilgesellschaft, dass Veränderung und Verbesserung von Lebensverhältnissen nicht für, sondern nur mit den Bürgern gemacht werden kann. Ein eher sozialdemokratisches, tendentiell weniger neoliberales Staats- und Politikverständnis trifft hier also auf eine selbstbewusste Bürgerkultur des Politischen. Damit weicht Dänemark wie ganz Skandinavien von den Verhältnissen in anderen westlichen Industriegesellschaften ab, mitunter sogar recht weit, könnte aber dennoch ein Vorbild sein. Denn die Raum- und Wirtschaftsstrukturen, die soziale und kulturelle Situation, schließlich die Probleme der städtischen Gesellschaften und Ökonomien sind immer noch so sehr vergleichbar, dass die Annahme erlaubt scheint, dass sich von Kopenhagens Liebe zum Zweirad, insbesondere aber von seiner partizipationsorientierten Verkehrspolitik, auch für andere Länder lernen lässt.

Und das Beispiel macht in der Tat schon Schule. Ausgehend von Kopenhagen und anderen Vorreiter-Städten wie Amsterdam, Stockholm, Wien, Shanghai und Hongkong, aber auch Freiburg, Münster und Mannheim stellen Städte zunehmend die Dominanz des Autos als urbanes Verkehrsmittel ganz grundsätzlich in Frage zugunsten von Leitbildern der funktional gemischten, aufgelockerten und multimodalen Stadt und einer menschen- statt autogerechten Verkehrsplanung. Gesundheit und Lebensqualität spielen im Wertekanon moderner Stadtbewohner eine zunehmende Rolle. Städte, die sich im globalen Wettbewerb um kluge Köpfe und Arbeitskräfte befinden, werden sich vor diesem Hintergrund zukünftig sicher auch zu einer Art »Dienstleister für Daseins- und Lebensqualität« entwickeln müssen. In diesem Zusammenhang ändern Kommunen rund um die Welt ihre konkreten Politiken und setzen teilweise auf stark regulative ordnungs- und fiskalpolitische Instrumente. Beispiele hierfür sind die dynamische Parkraumbewirtschaftung in Wien, die Erhebung einer City-Maut bzw. Congestion Charge u. a. in London, Stockholm und Mailand oder die Limitierung der Fahrzeugzulassungen in Peking. London beziffert den Effekt der City-Maut auf ein täglich um 20 Prozent oder 60 000 Fahrzeuge verringertes Verkehrsaufkommen im City-Gebiet, eine Beschleunigung des Verkehrsflusses um 37 Prozent, die Verkürzung der Pendelzeiten um 17 Prozent und die Einsparung von 150 000 Tonnen CO_2 pro Jahr. Weitere Beispiele für die Macht der Städte sind Madrid, Oslo, Chengdu, Paris, Athen, Brüssel, Mexico City und Vancouver. In Madrid soll der Dieselantrieb ab 2025 komplett verboten und ab 2020 der Verkehr mit thermischem Antrieb im Citybereich ganz verboten werden. Zeitgleich wird eine der Hauptverkehrsstraßen verkehrsberuhigt und nur noch für Busse, Taxis und Räder zugelassen sein. Oslo plant, ab 2019 alle Kfz mit Verbrennungsmotor in der Innenstadt zu verbieten. Ab 2025 soll ein landesweites Verbot von thermischen Antrieben in ganz Norwegen gültig werden. Im chinesischen Chengdu haben die amerikanischen Stadtplaner Adrian Smith und Gordon Gill einen neuen Stadtteil geplant, in dem innerhalb von fünfzehn Minuten Fußweg alle wichtigen Orte erreicht werden können. Paris will sein

Radwegenetz verdoppeln und einzelne Stadtteile und Straßenzüge komplett der Elektromobilität vorbehalten. In Athen sollen ab 2025 alle Dieselfahrzeuge der City verwiesen sein, in London ab 2020. In Brüssel tritt das Dieselverbot schon 2018 in Kraft für alle vor 1998 produzierten Kfz. Man könnte hier noch weitere Beispiele aufzählen, einschließlich der Städte, die bislang nicht viel getan, aber sich immerhin konzeptionell zu umfänglichen Veränderungen in den nächsten Jahren bereitgemacht haben, wie die Städte Berlin und Hamburg, die vor allem auf die massive Verbesserung des Radverkehrs und des ÖV setzen.

Mit Blick auf den Leuchtturm Kopenhagen und die anderen kleinen Leuchtfeuer weltweit auf eine knappe Formel gebracht: Ja, Städte können offenbar einen großen Unterschied machen bei der Umsetzung nachhaltiger urbaner Mobilitätsstrategien. Dafür brauchen sie Politiker mit klaren Zielvorstellungen, die die Bürger und Konsumenten von vornherein in die Umsetzung politischer Strategien einbeziehen. Die Stadtforscherin und Transformationsdesignerin Saskia Hebert schreibt dazu, dass »das gegenseitige Zuhören, das Sammeln von lokalem Wissen und das Einbinden lokaler Experten unerlässlich« sei, wenn »Fremdelgefühle gegenüber neu geschaffenen urbanen Situationen oder gar furiose Proteste dagegen vermieden werden sollen« (Hebert 2016: 332). Auch der Wissenschaftliche Beirat der Bundesregierung für Globale Umweltveränderungen (WBGU 2016) bezeichnet Kopenhagen als eine am Menschen orientierte Pionierin nachhaltiger Stadtplanung und empfiehlt die Stadt als ein Vorbild transformativer Stadtpolitik. Über ihre weltweit bekannten Initiativen zur ökologischen Nachhaltigkeit mit lokalem wie globalem Bezug hinaus würde sich Kopenhagen vor allem methodisch, eben genau durch ihre am Menschen orientierte Stadtplanung auszeichnen. Mindestens das können wir in Deutschland von Städten wie Kopenhagen, Amsterdam, Wien, London und New York heute also lernen: Weltstädte wagen eine neue Mobilitätspolitik und etablieren neue Leitbilder und Experimentierräume für alternative Technologien und Lebensstile. Es zeigt, dass bei allen Schwierigkeiten Veränderungen dennoch möglich sind.

In diesem optimistischen Sinne leitet das Beispiel Kopenhagens nun über zu einer an den Chancen und Spielräumen orientierten Sichtweise auf die Gestaltungsmöglichkeiten zukunftsfähiger Automobil- und Verkehrspolitik insgesamt. Den Primat der Politik trotz aller Schwierigkeiten anzuerkennen und einzufordern, um dann mit der Etablierung neuer Ziele, Leitbilder und Politikansätze die Kurve hin zu einer neuen Mobilität zu kriegen, das ist die Kernidee des folgenden Kapitels. Nach Überlegungen zur ethischen Begründbarkeit von Zielen, Grenzen und Leitbildern einer nachhaltigen Mobilitätspolitik wird hier vor allem das geeignete automobil- und verkehrspolitische Instrumentarium beschrieben.

9. KURVE KRIEGEN –
NEUE ZIELE, NEUE LEITBILDER,
NEUE POLITIK

»Einfach. Jetzt. Machen!« (Rob Hopkins, The Power of Just
Doing Stuff)

1992 forderte ein Staatsanwalt, den Führerscheinentzug als
eine Art Allzweckstrafe für Kleinkriminalität neben die im
Strafrecht üblichen Sanktionen zu stellen. 1997 schlug dieser
Gedanke in einer Anhörung des Bonner Rechtsausschusses
neue Wellen. Angehörige aller Fraktionen zeigten sich damals
begeistert. Im Sommer 2016 war der Entzug der Fahrerlaub-
nis erneut im Gespräch, diesmal als Handhabe gegen unter-
haltssäumige Väter – eine in den USA bereits seit Jahren gän-
gige und erfolgreiche Praxis. Ungeachtet der tatsächlichen
juristischen Zweckmäßigkeit dieser Überlegungen wirft allein
schon die Idee, den Entzug der durch das Automobil gewähr-
leisteten Mobilität als Strafe gleichberechtigt neben die üblichen Strafen zu stellen, ein eindrucksvolles Schlaglicht auf
die Bedeutung selbstbeweglicher Raumüberwindung als Voraussetzung moderner Alltagsbewältigung. Dies leitet über zu
einigen grundsätzlichen ethischen Überlegungen zur Mobilität.

Mobilität und Moral –
Ziele nachhaltiger Automobil- und Verkehrspolitik

Mobilität und Freizügigkeit sind Grundbestandteile freiheitli-
cher Gesellschaften. Als einer der Geburtshelfer der modernen Demokratie sprach bereits Immanuel Kant von einem Be-
suchsrecht, »welches allen Menschen zusteht, sich zur

Gesellschaft anzubieten« (Kant 1968[1797]: 476) und betont damit die Rolle der Raumüberwindung für die Ermöglichung von Kommunikation und Sozialität. Die Freiheit, miteinander zu verkehren, kann als ein Kernbestandteil offener demokratischer Gesellschaften verstanden werden. Sie garantiert den Zugang zu Orten und Einrichtungen, in denen Menschen Aktivitäten ausüben, vulgo: Sie leben ihr Leben. Das ist die helle Seite der Medaille. Doch wie beschrieben, beginnt das Mittel, seine Zwecke zu überformen und entwickelt eine destruktive Eigendynamik. Deswegen stellt sich heute die Frage nach den möglichen Grenzen von Raumüberwindung und nach der Begründbarkeit moralischer Kriterien, die dazu beitragen könnten, diese Grenzen qualitativ näher zu bestimmen und zu begründen.

Gibt es ein Menschenrecht auf Raumüberwindung?

Mobilität meinte ursprünglich das Potential zur Bewegung, nicht aber die tatsächliche Bewegung wie heute üblich. Der Begriff hatte zunächst bei den Denkern der biologischen Evolutionstheorie einen hohen Stellenwert als eine generelle Evolutionsbedingung: Die Beweglichkeit im Raum eröffnet den Arten immer neue Lebensräume mit neuartigen Selektionsbedingungen. Zusammen mit der Varianzbildung durch Mutationen spielen wechselnde Lebensräume eine wichtige Rolle für die Entwicklung des Lebens. Das lässt sich im Grunde auch auf die Zivilisationsentwicklung anwenden: Räumliche Diversität führt zu kultureller Varianz. Auch Systemdenker betonen Mobilität in ihrer Bedeutung für lebende Systeme wie Pflanzen, Tiere, ja die Funktion ganzer Ökosysteme. Nur durch stetigen Transport von Informationen, Baustoffen, Energie und schließlich Abfallprodukten können sie ihre Struktur aufbauen und wachsen. Auch die menschliche Gesellschaft ist so beschreibbar als ein offenes System mit Bedarf an ständigem Zufluss und innerem Austausch von Ressourcen und Abfallprodukten, woraus sich – neben den diversen soziologischen Begründungen für die Notwendigkeit von Raumüberwindung, Verkehrsmittelwahl und Verkehrsverhalten wie zum Beispiel Arbeitsteilung, Individualisierung, Werthaltungen und Raumstrukturen – die tieferen Ursachen für das gesamtgesellschaftliche Mobilitätsbedürfnis ableiten lassen. Schließlich war es auch aus Sicht der Anthropologie in ganz ähnlicher Hinsicht das existentiell Vorfindliche, hier die bedrohliche Natur, der Widerstand des Raumes und die Knappheit von Zeit, die der Menschheit Anlass gaben, das Rad zu erfinden und immer wieder neu zu erfinden und gerade deswegen zivilisatorisch über ihre natürliche Beschränktheit immer weiter hinauszuwachsen. Der Mensch, so sinngemäß der Anthropologe Gehlen, könnte sich mit seiner Konstitution innerhalb der rohen Natur gar nicht halten. Sein intelligentes Handeln zielt deswegen auf die Veränderung der Außenwelt aus barer Bedürftigkeit heraus. Besonders die Erfindungen von Techniken der Raumüberwindung lassen sich nach Gehlens Auffassung als Prinzipien des Organersatzes, der Organentlastung und Organüberbietung erklären. Der Wagen und das Reittier entlasten uns von der Gehbewegung und überbieten weit deren Fähigkeit. Im Tragtier wird das Entlastungsprinzip anschaulich. Das Flugzeug wiederum ersetzt uns die nicht organisch gewachsenen Flügel und überbietet weit alle organische Flugleistung.

Wenn es also einen roten Faden in der Geschichte gibt, dann ist ein zentraler Strang dieses Fadens wohl die wechselseitige Aufwärtstransformation von Mobilität und zivilisatorischer Entwicklung. Mobilität ist dabei zugleich Folge der Veränderung räumlicher Lebensbedingungen und Chance zur Erschließung neuer Lebensräume. Da Mobilität so betrachtet eine Prämisse menschlichen Zusammenlebens ist, die soziale Teilhabe, ökonomischen und kulturellen Austausch ermöglicht, ist sie dann letztlich nicht auch ein Menschenrecht? Insofern die Persönlichkeitsentfaltung und Freizügigkeit verfassungsrechtlich kodifiziert sind, kann man sicher von einem sehr grundlegenden Recht, wenn auch nicht von einem Menschenrecht sprechen. Ein Menschenrecht gar auf fossile Mobilität, auf hohe Geschwindigkeiten und lange Distanzen mit spezifischen Verkehrsmitteln, etwa dem Auto oder dem Jet, gibt es aus dieser Sicht allerdings nicht.

Der energetische Imperativ der Mobilitätspolitik

Rechte finden dort ihre Grenzen, wo anderen jetzt und in der Zukunft Chancen auf Entwicklung und Unversehrtheit entzogen werden. Die fossile Verfasstheit des modernen Verkehrs, die damit verbundenen exzessiven Emissionen und Ressourcenverbräuche spitzen diesen Widerspruch immer weiter zu. Das erinnert ein zweites Mal an Immanuel Kant, diesmal an seine Definition des »kategorischen Imperativs«, der lautet: »Handle stets so, dass die Maxime deines Willens jederzeit zugleich als Prinzip einer allgemeinen Gesetzgebung gelten könne.« Als kategorischer Imperativ des Mobilitätsverhaltens und als mögliche Richtschnur der Mobilitätspolitik formuliert: Wer saubere Luft atmen will, sollte selber keine schmutzige Luft erzeugen; wer in Ruhe leben möchte, sollte selber Stille wahren; wer auch in Zukunft sicher und gut leben möchte, sollte dazu beitragen, dass auch andere diese Lebensbedingungen vorfinden; wer heute Ressourcen beansprucht, sollte nur so viel beanspruchen, dass auch für andere etwas übrig bleibt, heute und in Zukunft.

Der Ressourcenaspekt trieb den Nobelpreisträger von 1909, den Chemiker Wilhelm Ostwald, in besonderem Maße um. Als Chemiker wusste er um den Prozess der Entropiesteigerung und die daraus folgenden absoluten, geradezu naturgesetzlichen Grenzen der Verfügbarkeit fossiler Energieträger sehr gut Bescheid. In seinem 1912 erschienenen Buch *Der energetische Imperativ* hat er auf diese Grenzen hingewiesen und die für ihn daraus zwingend folgende Erkenntnis formuliert, dass »eine dauerhafte Wirtschaft ausschließlich auf die regelmäßige Energiezufuhr der Sonnenstrahlung gegründet werden kann«. Daraus folgerte er seinen »energetischen Imperativ«: »Vergeude keine Energie, verwerte sie.« Im Unterschied zu Kants kategorischem Imperativ, den er als »Sittengesetz« ansah, verstand er seinen Imperativ als einen naturgesetzlichen und damit nicht verhandelbaren Grundsatz. Der Energie- und Umweltpolitiker und Autor Herman Scheer ging deswegen noch einen Schritt weiter und verband den Kant'schen und den Ostwald'schen Imperativ, indem er folgert, dass der naturgesetzliche Imperativ logisch zwingend zu einer radikal veränderten Moral der Verwendung fossiler Ressourcen führen müsste: »Ob ein Sittengesetz beachtet wird oder nicht, ist eine moralische Frage. Sie entscheidet über die Qualität des gesellschaftlichen Zusammenlebens. Ein Naturgesetz dagegen lässt uns keine Wahl. Seine Nichtbeachtung hat für die Gesellschaft so schwerwiegende Folgen, dass sie auch eine Verwirklichung der ethischen Grundsätze Kants letztlich unmöglich machen würde.« (Scheer 2010: 32) Diesen Zusammenhang nennt er sehr treffend den »energethischen Imperativ«.

Definition und Gestaltungskriterien nachhaltiger Mobilität

Wenn man vor diesem Hintergrund versucht, nachhaltige Mobilität zu bestimmen, erscheint es sinnvoll, sich auf eine vergessene verkehrssoziologische Definition von Mobilität zu besinnen, die heute – und erst recht mit Blick auf die Chancen der Digitalisierung – unter dem Begriff »Access« (Zugang) neu zu diskutieren wäre: Mobilität, so der Verkehrsforscher Kutter (1975), sei sinnvoll nur zu definieren als »Erreichbarkeit von Einrichtungen«, in denen Menschen Aktivitäten nachgehen, die für ihr Leben notwendig sind. In diesem Sinne ist Mobilität eine Art Grundrecht auf *Zugang* zu Einrichtungen, Informationen und Dienstleistungen, die es politisch, sozial und ökonomisch zu gewährleisten gilt. Menschen, die in dichten urbanen Räumen mit gutausgebauten Infrastrukturen und dementsprechend »kurzen Wegen« leben, können gemäß dieser Definition sogar viel mobiler sein, als Landbewohner, die für jeden Weg zum Arzt oder Einkaufen längere Bus- und Autofahrten in Kauf nehmen müssen.

So betrachtet lässt sich »nachhaltige Mobilität« definieren als *die ökologisch verträgliche und sozial gerechte Gestaltung und Gewährleistung der Erreichbarkeit von Einrichtungen und Kommunikationszugängen auf der Grundlage nichtfossiler energetischer Ressourcen*. Mobilitätspolitik und Mobilitätssysteme sind in diesem Sinne dann nachhaltig zu nennen, wenn sie den räumlich und sozial gerechten und ausgewogenen Zugang zu Orten und Einrichtungen (Arbeitsplatz, Bildung, Medizin, Verwaltung, Freizeit, Kultur, Konsum, etc.) ermöglichen, dabei auf der Nutzung erneuerbarer Energien basieren (*Erneuerbarkeit*), möglichst wenig sonstige Ressourcen verbrauchen (*Dematerialisierung*), möglichst sicher funktionieren (*Sicherheit*) und widerstandsfähig sind gegenüber unbeabsichtigten Systemstörungen wie klimabedingten Starkwetterereignissen oder bewussten und böswilligen Manipulationen der zunehmend digitalisierten Verkehrsinfrastrukturen (*Resilienz*).

Erneuerbare Mobilität

Die einzige Möglichkeit, dauerhaft auf den Einsatz fossiler Treibstoffe in der Mobilität zu verzichten, sind Antriebssysteme auf der Basis regenerativer Energie. Mittel- bis langfristig ist die Elektrizität neben Wasserstoff das beste Speichermedium für regenerative Energie aus solaren und geothermischen Quellen und der Windkraft. Dementsprechend sollten zukünftig vor allem elektrische Antriebe für Fahrzeuge in allen Verkehrssystemen zum Einsatz kommen. Zu unterscheiden ist hierbei zwischen batterieelektrischen, brennstoffzellenelektrischen und hybridelektrischen Antriebssystemen. Bislang ist nicht abzusehen, ob eine dieser Technologielinien weltweit dominant wird oder ob die Entwicklung aller drei Optionen zeitgleich in den ihrem Charakter je entsprechenden regionalen und funktionalen Nischen vorangetrieben wird. Auch ist im Augenblick nicht genau abzusehen, welche Rolle Wasserstoff als Energiespeichermedium in der Mobilität spielen wird. Seine Einsatzchancen in Brennstoffzellen zur Stromproduktion für Elektroantriebe steigen mit der Verbesserung sicherer und zugleich platz- und gewichtsoptimierter Speichermöglichkeiten. Eine zentrale Bedingung dafür, möglichst viel regenerative Energie in das Mobilitätssystem einzubringen, ist der Ausbau der kollektiven Verkehrssysteme – also E-Busse, Straßenbahnen, U- und S-Bahnen im urbanen Bereich und Fernbahnen und Nachtzüge im regionalen und überregionalen Verkehr. Insofern hier ein flächendeckender und durchgängiger Betrieb mit Strom möglich ist, kann die Verlagerung von der Straße auf die Schiene und von der Luft auf das Wasser helfen, das Gesamtniveau dieser strukturell konversionsresistenten Verkehre zu reduzieren. Damit würde die Menge des in diesen Bereichen dann womöglich noch nötigen Biokraftstoffs ebenso verringert wie der Ressourcenaufwand der im Straßenverkehr eingesetzten E-Fahrzeugflotte. Denn gerade aufgrund der enormen Ressourcenintensität elektrischer Antriebssysteme und ihrer Energiespeicher erscheint es – wie oben bereits thematisiert – geboten, das Ausmaß individualisierter Transporte im Privat- und Geschäftsverkehr wie auch in der Güterlogistik generell zu reduzieren. Eine technologische Transformation dieses Ausmaßes ist nicht von heute auf morgen zu schaffen. Für die Übergangzeit – je kürzer desto besser – sind die weitere Effizienzoptimierung bestehender Antriebs- und Fahrzeugsysteme (etwa über die weitere Verbesserung der Motorentechnologie) und der Einsatz von Gas – zum Beispiel im Schwerlastverkehr – Wege, um die Gesamtmenge der eingesetzten fossilen Ressourcen zu reduzieren bzw. deren spezifische Emissionslast zu verringern. Schließlich sind die Reduzierung von Gewicht und Geschwindigkeit Möglichkeiten, den Aufwand der einzusetzenden fossilen Treibstoffe zu verringern. Insgesamt wäre eine Reduktion des Geschwindigkeitsniveaus über alle Verkehrsträger zur Verbrauchs- und Emissionsverringerung sofort umsetzbar. Ohne den starken Trend zum Upsizing im Automobilmarkt wären auch hier die realisierbaren Einsparungen aufgrund der enormen Fortschritte in der Motorentechnologie theoretisch viel größer, als sie es im Moment tatsächlich sind. Zum einen bringt die Anpassung der Assistenz- und Sicherheitstechnologie und der Aufbauauslegung der Fahrzeuge an hohe Endgeschwindigkeiten einen Teil des Gewichtszuwachses mit sich, zum anderen ist der Gewichtszuwachs, insbesondere im Bereich des SUV-Segments, einem Markt- und Designtrend geschuldet. Eine generelle, politisch forcierte Senkung des Geschwindigkeitsniveaus und damit der Sicherheitsanforderungen könnte hier dazu beitragen, auch den Trend zum Gewichtsanstieg und den damit immer verbundenen erhöhten Energieverbrauch zu verlangsamen.

Dematerialisierte Mobilität

Prinzipiell sind drei Wege denkbar, um den – nicht treibstoffbezogenen – weiteren Anstieg des Material- und Ressourcenverbrauchs der Mobilität in den Griff zu bekommen: erstens die Etablierung kreislaufwirtschaftlicher Produktionsprinzipien, bei denen die Abfallprodukte eines Produktlebenszyklus wieder zum Ausgangspunkt eines neuen Produktlebenszyklus werden. Eine solche Produktion »von der Wiege bis zur Wiege« (Braungart/McDonough 2009) wäre im Idealfall vollkommen in sich geschlossen und käme ohne oder mit einem sehr reduzierten Maß von Primärressourcen aus. Allerdings setzt die Kreislaufwirtschaft die Etablierung eines neuen Produktionsmodells voraus und ist insofern zunächst vor allem noch ein elegantes theoretisches Modell. Zweitens können vermehrt Baustoffe, Farben und Textilien eingesetzt werden, die einer »solaren Chemie« (Fischer 2012) entstammen, also auf natürlichen Rohstoffen basieren und damit die Unabhängigkeit von der allgegenwärtigen Petrochemie mit sich bringen. Als Leitbild der Etablierung neuer Designphilosophien und Produktionsmethoden in der Verkehrsgüterindustrie können heute beide Ansätze dienen. Gerade die Automobilwirtschaft wird zukünftig nicht ohne sie auskommen, da im Zuge der Umstellung auf Elektromobilität (ganz gleich ob batterie- oder wasserstoffbasiert) einerseits und den weiteren Trends zur digitalen Vernetzung und Automatisierung des Fahrzeugs andererseits seltene, hochwertige und teure Rohstoffe zum Einsatz kommen, zu denen der Zugang schon jetzt prekär ist. Den dritten Weg zur Dematerialisierung der Mobilität bietet die im Zusammenhang der Digitalisierung der Mobilität bereits ausgiebig beschriebene Strategie der *Nutzungsinnovation*, also der möglichst effizienten Auslastung alles fahrenden Geräts und aller Infrastrukturen auf allen Strecken und zu allen Zeiten. Die Geschäftsmodelle der Mobilitätswirtschaft, die die anteilige Nutzung eines Fahrzeuges ökonomisieren, sei es als Carsharing, Carpooling, Mitfahrzentrale etc., und damit die Auslastung des einzelnen Produktes erhöhen, verringern den Produkt- und Materialaufwand der Mobilität. Fahrzeuge konsequent auf diese Formen des kollaborativen Konsums und der »Share Economy« auszurichten würde auch bedeuten, neue Gestaltungsphilosophien und Produkteigenschaften zu entwickeln. Das Ziel wäre dann etwa die Entwicklung extrem hochwertiger und auf permanente und langlebige Nutzung durch unterschiedliche Kunden ausgelegter Fahrzeuge. Solche Fahrzeuge wären dann zu teuer für den durchschnittlichen Privatkunden und würden sich auch für die Automobilwirtschaft betriebswirtschaftlich wahrscheinlich nur in Kombination mit neuen Wertschöpfungskonzepten für Mobilitätsdienstleistungen rechnen.

Mangelnde Verkehrssicherheit ist weltweit vor allem ein Problem des Straßenverkehrs. Hier treffen die Verhaltensweisen einer großen Menge von Verkehrsteilnehmern in sehr komplexer Weise aufeinander. Insofern ist die Frage der Verkehrssicherheit in erster Linie eine Frage der Verkehrskultur. Natürlich kann durch *technologische Anstrengungen* (z. B. Assistenzsysteme), *planerische Konzepte* (z. B. Shared Space), *ordnungsrechtliche Maßnahmen* (z. B. Tempolimit) und *hoheitliche Überwachung* (z. B. Alkoholkontrollen) bereits ein gewisses Maß an Sicherheit erreicht werden, wobei die Reichweite der genannten Maßnahmen noch gar nicht ausgeschöpft ist – ein einheitliches und konsequentes Tempolimit auf der Autobahn könnte in Deutschland zum Beispiel dazu beitragen, sowohl Energie zu sparen als auch die Sicherheit zu erhöhen. Der eigentliche Schlüssel zur Verkehrssicherheit liegt allerdings in der Veränderung von Einstellungen und Verhaltensmustern der Verkehrsteilnehmer. Eine umfassende Mobilitätserziehung, die neben der Vermittlung von regelgerechten Verhaltensmaßstäben vor allem die Kooperationsbereitschaft betont, kann hier eine wichtige Rolle spielen. Der Blick in die Regionen nachholender Mobilisierung zeigt, dass die Zahl der Verkehrsopfer mit der Geschwindigkeit der Motorisierung steigt. Ein alternatives Verkehrssystem, das auf der Kombination von kollektiven Verkehrsträgern, Fahrradverkehr und temporeduzierter Mikromobilität (elektrobetriebene Klein- und Leichtfahrzeuge) basiert, wäre nicht nur den zukünftig zu erwartenden Dichteverhältnissen der entstehenden urbanen Megazentren und ihrer prinzipiell problematischen Luftqualität angemessen, sondern würde auch mit einer massiven Verbesserung der Verkehrssicherheit einhergehen.

Resilienz bezeichnet die Widerstandsfähigkeit und Festigkeit eines Individuums, einer Gesellschaft oder einzelner ihrer Funktionssysteme gegenüber Störungen, Krisen und Katastrophen. Diese Fähigkeit sollte für die Gestaltung zukünftiger Mobilitätssysteme aus verschiedenen Gründen eine wichtige Rolle spielen. Erstens: Je abhängiger Gesellschaften von sicher planbaren Transportdienstleistungen sind, desto größer ist das Schadenspotential von Störfällen und Verzögerungen. In einer Zeit, in der der überwiegende Teil der Bevölkerung in der industrialisierten Welt sich mit Nahrungsmitteln und Gütern des täglichen Bedarfs über den Einzelhandel versorgt statt sie selbst zu produzieren, können größere Versorgungskrisen schon in wenigen Tagen entstehen. Zweitens: Je feingliedriger, komplexer und (digital) vernetzter ein Verkehrssystem aufgebaut ist, desto größer ist das Risiko, dass sich externe oder interne Störfälle schnell im gesamten System fortsetzen und sich die Schadenswirkungen akkumulieren. Drittens: Ein Verkehrssystem ist umso verletzbarer, je größer das Ausmaß an digitaler Technologie ist, das zu seiner Betriebsführung eingesetzt wird. Auch das war im Zusammenhang der Risiken der Digitalisierung der Mobilität bereits angesprochen worden. Verstärkend wirkt hierbei, dass die Vielfalt potentieller externer wie interner Störfaktoren beständig zunimmt. Klimabedingte Starkwetterereignisse, technisches wie menschliches Versagen in den hochkomplexen Abläufen der modernen Systemarchitekturen sowie Manipulationen und Hackerangriffe jeglicher Provenienz werden eintreten. Deswegen ist Resilienz eine Qualitätsanforderung an nachhaltige Verkehrssysteme, um Störfälle mit großem ökonomischen und sozialen Schadenspotential möglichst auszuschließen. Mögliche Lösungen sind robuste Infrastrukturen durch redundante Systemarchitekturen, die Ersatzmöglichkeiten, Vervielfältigung, Verlinkung, Spiegelung und den Erhalt mechanischer Steuerelemente ebenso einschließen wie besondere Systemkontrollen und den Einbau von Zeitpuffern.

Diese vier *Gestaltungskriterien* der nachhaltigen Mobilität sollten sich dabei mit den drei allgemeineren Kriterien der Nachhaltigkeit – Ökonomie, Ökologie, Soziales – bzw. der Nachhaltigkeitsstrategien – Effizienz, Konsistenz, Suffizienz – in einer Art Gleichgewicht zueinander befinden. Wenn also beispielsweise eine Technologieoffensive dazu führen würde, dass die Automobilität in wenigen Jahren allein auf Antrieben mit regenerativen Energien basieren würde, dieses aber gleichzeitig den sonstigen Ressourcenverbrauch massiv erhöhte, wäre das genauso wenig nachhaltig wie eine autonome Fahrzeugflotte, die die unmittelbare Verkehrssicherheit massiv erhöht, die Nutzer dieser Fahrzeuge aber dem Risiko der großangelegten Manipulation der sogenannten kritischen Infrastrukturen des Mobilitätssystems aussetzt und gleichzeitig große Mengen von Verhaltens- und Zustandsdaten über den Kunden gesammelt und weiterverwertet werden. Am Beispiel der Elektromobilität wird dieser Aspekt der Gleichgewichtigkeit der Zielkriterien näher erläutert.

Mehr als das Elektroauto – wie Effizienz-, Konsistenz- und Suffizienzstrategie für eine nachhaltige Elektromobilität ineinandergreifen müssen

Die die Nachhaltigkeitspolitik insgesamt dominierende *Effizienzstrategie* verfolgt das Ziel einer Entkopplung von Bedürfnisbefriedigung und Ressourcenaufwand durch technologische und organisatorische Optimierung von Produkten und Prozessabläufen. Beispiele hierfür sind in der Mobilität etwa die Optimierung von Motoren, Gewichtsreduktionen oder die telematische Verkehrsflussoptimierung. Die *Konsistenzstrategie* zielt vor allem auf einen klugen und effektiven Umgang mit Materialressourcen zur Verringerung der ökologischen Rucksäcke von Produkten und Infrastrukturen. Neue Materialtechnologien, Gestaltungsphilosophien und Produktionsweisen können zusammengreifen, um einmal verwendete Rohstoffe im maximalen Ausmaß nach dem Ablauf eines Produktlebenszyklus wieder in einen neuen Produktlebenszyklus zu überführen. Auch kollaborative Nutzungsphilosophien können den Materialaufwand pro Serviceeinheit minimieren. Die *Suffizienzstrategie* zielt schließlich auf die Lebensstile, Konsumwünsche und Verhaltensweisen von Verbrauchern, wie das Verkehrsmittelwahlverhalten oder die Auswahl der Verkehrsziele, zum Beispiel bei Reisen. Entscheidungen für Wohnformen, etwa die Abwägung des relativ verkehrsarmen Wohnens in einem dichtgepackten urbanen Zusammenhang gegenüber dem strukturell verkehrsaufwendigeren Wohnen in einer suburbanen Eigenheimsiedlung fallen ebenfalls unter die Kategorie der Suffizienz.

Bezieht man diese Begrifflichkeiten nun auf die aktuelle Diskussion und die beobachtbare innovationspolitische Praxis zur Elektrifizierung der Mobilität, so zeigt sich, dass hier bislang vor allem an der Effizienzstrategie festgehalten wird. Ging es in den konzeptionell breit angelegten Zielvisionen der Aufbruchsphase vor einigen Jahren durchaus noch um die umfassende energie- wie verkehrswirtschaftliche Integration der Elektromobilität als systemischen Gesamtzusammenhang aller Verkehrsträger, so steht heute vor allem das telematisch vernetzte und automatisierte Elektroauto (im Privatbesitz) im Vordergrund. Bei näherer Betrachtung wird deutlich, dass diese Engführung der neuen Technologie mit der alten Nutzungsform womöglich hochproblematisch ist. Elektrofahrzeuge sind aufgrund der für Motor, Energiespeicher, Steuerung und Fahrzeugaufbau benötigten seltenen Metalle und Rohstoffe in der Herstellung enorm ressourcenaufwendig und werden der Konsistenzanforderung der nachhaltigen Mobilität bislang sehr wahrscheinlich nicht gerecht. Gegenwärtig schießt zum Beispiel der Preis für das Leichtmetall Lithium aufgrund der starken weltweiten Nachfrage in die Höhe.

Schon heute werden 32 % des weltweiten Verbrauchs für die Batterieproduktion benötigt. Im Jahr 2021 sollen es schon knapp 50 % sein (Benchmark Minerals 2017). Nur durch den flächendeckenden, bislang aber eher noch für Nischenmärkte diskutierten Betrieb in den nutzungsoptimierten Anwendungskontexten einer Sharing-Kultur könnte die Materialintensität pro elektromobiler Serviceeinheit konsequent gesenkt werden. Kreislaufwirtschaftliche Produktions- und Rückführungssysteme werden bislang nicht diskutiert. Hinzu kommt, dass das Elektroauto seine Vorteile nur dann voll ausspielen kann, wenn es mit regenerativen Energien betrieben wird. Dieses würde die energiewirtschaftliche Integration, etwa über sogenannte SmartGrid-Konzepte erfordern, die ebenfalls deutliche Veränderungen von Anspruch und Verhalten der Nutzer mit sich bringen würde. Weltweit betrachtet ist allerdings eher ein Trend beobachtbar, Elektroautos mit dem jeweils vorherrschenden, meist auf Kohle oder Atomkraft basierenden Energiemix zu betreiben.

Beide Aspekte verweisen nun darauf, dass sich die Fortführung der bisherigen Philosophie der Produktinnovation in der Elektromobilität zu einer Sackgasse entwickelt, die den Anforderungen der nachhaltigen Mobilität nicht gerecht wird. Nur durch die Kombination mit den Konsistenzanforderung adressierenden Nutzungsinnovationen und schließlich der Einbindung in die umfassende Systeminnovation eines intermodalen, also verkehrsträgerübergreifenden – und damit massive Verhaltensänderungen implizierenden – Mobilitätskonzeptes (dieses entspricht der Suffizienzstrategie) würde eine nachhaltige Elektromobilität entstehen.

Diese Überlegungen leiten nun zum letzten Abschnitt des Kapitels über, in dem es um die Wege hin zu einer ethisch so begründeten nachhaltigen Mobilität gehen soll. Das staatliche ordnungs- und fiskalpolitische Instrumentarium stellt dabei einen differenziert nutzbaren Baukasten von Handlungsansätzen zur Verfügung, der auf den unterschiedlichen politischen

Regulierungsebenen von der Kommune bis zur EU in unterschiedlichen Kombinationen zur Beförderung angebotsseitiger Innovationen und nachfrageseitiger Verhaltensänderungen anwendbar ist. Im Folgenden wird ein konkretes automobilpolitisches Maßnahmenset vorgestellt. Freunden nüchterner politikprogrammatischer Textexegese wird der folgende Abschnitt womöglich Freude bereiten. Die anderen werden um Verständnis gebeten.

Mut zur Zukunft – Umrisse der Neukonzeption einer nachhaltigen Automobil- und Verkehrspolitik[*]

Automobil- und Verkehrspolitik sollte wie bereits in der Nachkriegszeit wieder zu einem zentralen Politikfeld werden. Allerdings zu einem, in dem es nicht mehr um eine »autogerechte Stadt- und Verkehrspolitik« geht. Gefordert ist demgegenüber die gut austarierte Kombination aus staatlicher Bereitstellung von Infrastrukturen, privatwirtschaftlichen Innovationen und bürgerlichem Engagement auf der Grundlage einer neuen Mobilitäts- und Verantwortungskultur. Das Freizügigkeitsversprechen der Moderne könnte so übersetzt werden in eine lebenswerte, sozial ausgeglichene und nachhaltige Mobilitätslandschaft, in der alle Verkehrsmittel in neuer Gleichgewichtigkeit effizient und effektiv zugleich funktionieren. Hierzu ist – z. B. mit Blick nach Kopenhagen – ein partizipativer Politikstil notwendig, der neue Beteiligungsformate und Experimentierräume ermöglicht. Um den Wandel einzuleiten, sind mutige politische Korrekturen der bestehenden gesetzlichen Regelwerke nötig. Dabei wäre es denkbar, alle regulatorischen Vorgaben und Maßnahmen in einem »Ar-

---

[*] Dieser politikprogrammatische Abschnitt basiert in weiten Teilen auf einem gemeinsam mit Wiebke Zimmer und Andreas Knie verfassten Aufsatz für die Zeitschrift *Internationales Verkehrswesen* (2016: 10).

tikelgesetz« zur Umsetzung einer nachhaltigen Mobilität zusammenzufassen und dies mit klimapolitischen, sozialen und wirtschaftspolitischen Erfordernissen zu begründen. Dabei wird es an manchen Stellen womöglich notwendig sein, dem Bund mehr »Richtlinienkompetenz« zur Veränderung der herrschenden Verhältnisse verpflichtend einzuräumen, aber zugleich Ländern und Kommunen eine Palette von Instrumenten und damit mehr Spielraum für die lokale Ausgestaltung verfügbar zu machen. Mit einem solchen Gesetz könnte man eine zunächst experimentelle Außerkraftsetzung von bestehenden Gesetzen möglich machen. Es sollte sich auf folgende fünf unterschiedliche Themenfelder beziehen:

Neuer Rechtsrahmen für Fahrzeuge mit Verbrennungskraftmaschinen

Alle verkehrs-, umwelt-, steuer- und finanzpolitischen Gesetze zur Förderung und Stabilisierung der Automobilität mit Verbrennungskraftmaschine sollten überprüft und in ihrem Kern neu ausgerichtet werden. Ziel muss es sein, die jahrzehntelange Bevorzugung und Förderung der Verbrennungskraftmaschine auslaufen zu lassen und gleichzeitig maximale Effizienzsteigerung zu gewährleisten. Hierzu zählen:

- Abschmelzen aller Steuervorteile für Dieselfahrzeuge und von gewerblichen und privaten Anrechnungen des Erwerbs und des Betriebes von Verbrennungskraftmaschinen auf die Steuerschuld. Durch die aktuelle Praxis der Subventionierung des Dieselkraftstoffs verzichtet der Fiskus jedes Jahr auf etwa 3,5 Mrd. Euro Steuereinnahmen.
- Im Lichte der Pariser Beschlüsse zum Klimaschutz die Verschärfung der CO_2-Grenzwerte für Pkw und LNF bzw. Einführung von CO_2-Grenzwerten für Lkw.
- Reform der Kennzeichnungspflichten für alle Fahrzeugklassen nach Schadstoffklassen (Fortschreibung der 35. BImSchV Kennzeichnungsverordnung mit Blauer Plaket-

te) mit dem Ziel, emissionsfreie Umweltzonen in Innenstädten zu schaffen.
- Ein klarer Ausstiegsbeschluss aus der Technologie des Verbrennungsmotors, wie es beispielsweise Norwegen vor-
macht. Zeithorizont wäre mindestens das Jahr 2030, besser
noch 2025. Damit ergibt sich Planungssicherheit für Industrie und Verbraucher.

Neuausrichtung der Straßenverkehrsordnung

Die Grundregeln bei der Bewirtschaftung des öffentlichen
Raumes gehören zu den wesentlichen Stellschrauben. Offiziell gilt die Straßenverkehrsordnung zwar als privilegienfeind-
lich, im Kern ist diese aber klar auf den Besitz und damit die
Privilegierung des privaten Automobils und seine Stellung im
öffentlichen Raum ausgerichtet. Es ist notwendig, das Stra-
ßenverkehrsrecht neu zu fassen und die Vielfalt und Pluralität
aller Verkehrsmittel neu abzusichern:

- Neufassung des Straßenverkehrsrechtes mit klarer Festle-
gung der Bundeskompetenz in Richtungsfragen.
- Tempo 30 als Regelgeschwindigkeit innerorts in Quartie-
ren.
- Festlegung von Mindeststellplätzen für Carsharing-Fahr-
zeuge.
- Einführung einer großräumigen Parkraumbewirtschaftung.
- Einführung von Fahrradwegen auf Straßenland.

Öffentlicher Verkehr

Der öffentliche Nah- und Fernverkehr ist das Rückgrat einer
nachhaltigen Mobilität. Allerdings ist er in seiner jetzigen
Verfassung nicht in der Lage, diese Aufgabe angemessen zu
erfüllen. Er braucht neben der finanziellen Sicherung der

Grundversorgung Anreize und Verpflichtungen zur Modernisierung und Sanierung. Hierzu bedarf es Änderungen in allen relevanten Finanzierungs- und Planungsgesetzen von Bund und Ländern:

- Neufassung des Regionalisierungsgesetzes mit einer Wirkungskontrolle der eingesetzten Mittel.
- Anpassung der ÖPNV-Gesetze der Länder mit der Einführung von Zielvereinbarungen zur Setzung von Anreizen für mehr Fahrgäste.
- Neufassung des Gemeindeverkehrswegefinanzierungsgesetzes (GVFG) mit Eckpunkten zur Sanierung, Modernisierung, Verknüpfung der Verkehrsträger.
- Neuregelung des Personenbeförderungsgesetzes mit mehr unternehmerischen Spielräumen und einer Begrenzung des Geltungsbereiches im ländlichen Raum.
- Umsetzen eines Investitions- und Modernisierungsprogramms zur Digitalisierung des öffentlichen Verkehrs.
- Einheitliche gesetzliche Vorgaben des Bundes zur Einführung neuer Instrumente der Nutzerfinanzierung für den Umweltverbund für Kommunen (z. B. City-Maut, Nahverkehrsabgaben etc.).

Infrastrukturpolitik

Die Finanzierung der Infrastruktur war bereits Gegenstand mehrerer Kommissionen. Im Ergebnis gibt es zwar mehr Finanzmittel, aber im Ziel hat sich wenig geändert, es bleibt bei einer politischen und wirtschaftlichen Klientelpolitik. Bei einer Neuausrichtung darf kein weiteres bürokratisches Monster entstehen, sondern eine schlanke Einrichtung, die über die bisherige föderale Verteilungslogik hinausgeht:

- Schaffung einer schlanken Mobilitätsinfrastrukturplanungs-, Finanzierungs- und Betriebsgesellschaft, die über einen Bund-Länder-Fonds finanziert wird und die über alle Investitionen verkehrsträgerübergreifend bedarfsorientiert entscheidet.

- Umstellung der herkömmlichen Nutzenbewertung von Verkehrsinfrastrukturprojekten (NKV) auf soziale und ökologische Ziele: z. B. Einbezug der Gesundheitskosten (wie in Dänemark) statt Fokus nur auf Wirtschaftlichkeit und Reisezeitgewinne.
- Einführung einer fahrleistungsabhängigen Pkw-Maut sowie einer Fernbusmaut (Nutzerfinanzierung der Infrastruktur).
- Ausdehnung der Lkw-Maut auf das Gesamtnetz und konsequente Anrechnung externer Kosten.
- Zusätzliche finanzielle Mittel des Bundes zur Förderung des Radverkehrs und Steigerung der Sicherheit der Radfahrer.
- Umbau der Bundesverkehrswegeplanung zu einer integrierten Verkehrsplanung.

Begleitmaßnahmen

Verkehr und Mobilität sind kaum noch Gegenstand der öffentlichen Forschung, Lehre und Ausbildung. Das Vorausdenken wird vor allen Dingen in Konzernen der Autohersteller unter Ausschluss der Öffentlichkeit organisiert. Um neue digitale Optionen wie beispielsweise das »autonome Fahren« für den multimodalen Verkehr zu erschließen und in gewünschte Richtungen zu lenken, sollten Gegengewichte und neue Allianzen geschaffen werden:

- Reform der Bundesanstalt für Straßenwesen (BASt) zu einer neuen Bundesagentur für Mobilität mit einem multimodalen Unterstützungsauftrag, sowie
- Einrichtung von Mobilitätsforschungs- und Beteiligungsprogrammen zur Evaluation von Beteiligungsverfahren der eingeleiteten Politikwende.

Um einen solchen Prozess im Wege des Gesetzgebungsver-
fahrens erfolgreich einzuleiten und auch bestehen zu können,
müssen Kommunikation sowie Bündnis- und Allianzbildung
einen großen Stellenwert erhalten. Dies heißt, einen kontinuierlichen Dialog über die Zukunft der Mobilität und die damit
verbundenen gesellschaftlichen und ökologischen Ziele zu
führen. Weil die genannten Veränderungen auf Widerstände
treffen werden, sind hier ein langer Atem und viel politischer
Mut notwendig.

Es wird vor allem darauf ankommen, die Länder und Kommunen als Partner für eine nachhaltige Mobilitätspolitik zu
gewinnen. Ein erster Schritt zur Vorbereitung des angesprochenen Artikelgesetzes wäre, eine öffentliche Ausschreibung
vorzunehmen. Städte und Gemeinden könnten sich bewerben
und so in die Lage versetzt werden, für Teile ihres Gebietes
experimentelle Maßnahmen einzuleiten. Die Erfahrungen der
»Schaufenster«-Programme im Rahmen der Förderprogram-
me zur Elektromobilität zeigen, dass auf die Städte und Kommunen in der Tat eine enorme strategische Aufgabe bei der
Neugestaltung des Verkehrsraumes zukommt.

Allerdings sollten die Kommunen stärker und umfassender
in ihrer eigenen Verantwortung Regeln verändern können. In
solchen kommunalen Laboren können dann sowohl die Autoindustrie als auch die Betreiber des öffentlichen Verkehrs zu
neuen Formen der Zusammenarbeit kommen. Dazu könnten
in einer Pilotphase die Parkraumbewirtschaftung geändert,
die Umweltzonen neu definiert und das Personenbeförde-
rungsgesetz im Rahmen der Experimentierklausel in Teilen
außer Kraft gesetzt werden, so dass (privates) Ridesharing
beispielsweise über digitale Plattformen (auch und gerade in
ländlichen und suburbanen Regionen) ermöglicht und getestet
werden kann. Ziel der kommunalen Labore ist es, den Fahr-
zeugbestand besser auszulasten und den öffentlichen Verkehr

zu stärken und eine vorausschauende, digital gestützte Kapazitätsplanung zu entwickeln nach dem Motto: Bürger fahren Bürger – organisiert vom örtlichen ÖV-Unternehmen. Weitere Optionen, die in solchen »Laboren« ausprobiert werden könnten, sind die Einführung eines verpflichtenden Bürgertickets für den ÖV, Fahrradverleihsysteme in relevantem Umfang, großflächige Tempo-30-Zonen, etc. Diese »Labore der Ermöglichung« sind zeitlich und örtlich begrenzt und werden von einem Rat interessierter Bürger und Experten begleitet und kommentiert. Neben den Städten sollten auch ländliche Räume oder kleine Kommunen in die Lage versetzt werden, ebenfalls Teile der geltenden Gesetze im Sinne einer Ermöglichung multimodaler Verkehrspraktiken temporär außer Kraft zu setzen. Die so gewonnenen Erkenntnisse und Erfahrungen sind die Bausteine bei der Entwicklung des Artikelgesetzes auf Bundesebene. »Labore der Ermöglichung« erlauben zeitlich begrenzt eine moderate Regeländerung, bieten sofort Aussichten auf neue Geschäftsoptionen im Sinne einer nachhaltigen Mobilitätskultur und könnten rasch zu einer unterstützenden Meinungsbildung für anstehende Korrekturen im bestehenden verkehrspolitischen Regelwerk beitragen.

Um diese Ziele und Konzepte nachhaltiger Automobil- und Verkehrspolitik in ihren Wirkungen konkret vorstellbar zu machen, braucht es einen zumindest rudimentären Entwurf von im Spannungsfeld von Realität und Utopie einigermaßen plausiblen Zukunftsbildern. Das abschließende Kapitel versucht die hier vorgetragenen politischen Ideen und Forderungen in diesem Sinne nun in drei Szenarien gesamthaft und dabei so knapp wie möglich zu illustrieren. Die größte Herausforderung bei der Formulierung von transformativen Szenarien liegt vor allem darin, sie in ihrer Genese aus den Entwicklungsbarrieren der realen Welt halbwegs plausibel herauszulösen. Das Science-Fiction-Genre darf sich dabei bei den unvorhergesehenen und eher unwahrscheinlichen Großereignissen, den sogenannten Wild Cards bedienen. Diese haben in den Storys die Funktion, die Strukturen und Barrieren des Gegenwärtigen in der großen Krise und Zuspitzung eines Kometeneinschlags, eines Vulkanausbruchs, einer Eiszeit oder eines globalen Blackouts einfach wegzuwischen und damit Platz für das Neue zu schaffen. Transformatives Storytelling darf sich dieser Stilmittel allerdings nur sehr bedingt bedienen, denn der grandios inszenierte Untergang der Welt und die Rettung in letzter Sekunde ist selbst in unserer habituell apokalyptischen Gesellschaft, in der der Weltuntergang zur Routine geworden ist, nicht wahrscheinlich. Sie ist vor allen Dingen aber nicht »planbar« und deswegen keine Grundlage für die Ableitung von strategischen politischen und sozialen Optionen zur Verwirklichung einer nachhaltigen Gesellschaft.

10. VOLK OHNE WAGEN –
EIN SZENARIO-MOSAIK

>»Zum Handeln brauchen wir nicht die Einbildung totaler Zukunftssicherheit.« (Joachim Radkau 2017)

>»Vorhersagen sind die falsche Geisteshaltung, wenn wir über die Zukunft unserer Spezies nachdenken. Wir sollten unsere Geschichte nicht vorhersagen, wir sollten sie schreiben. Wir müssen uns selbst als die kollektiven Autoren unseres nächsten Kapitels sehen.« (Erika Ilves & Anna Stillwell, The Human Project App).

Die folgenden Szenarien sind Schlaglichter auf idealtypisch zugespitzte Entwicklungsvarianten, die sich in der Realität durchaus überschneiden könnten. Sie schließen gedanklich an die im zweiten Zwischenstopp aus dem Status quo abgeleiteten möglichen Zukunftspfade der Automobilität an. Sie unterscheiden sich dabei vor allem im Grad der angenommenen politischen Gestaltungsbereitschaft in Deutschland, deren Einschätzung und deren Instrumentarium Gegenstand der letzten Kapitel war. Die Szenarien können hier nur knapp beschrieben werden, dabei aber mit einer zu ihrer Wahrscheinlichkeit umgekehrt proportionalen Ausführlichkeit der einzelnen Varianten. Denn das Wahrscheinliche ist auch das uns bereits am besten Bekannte.

Das wahrscheinliche Szenario:
Das vernetzte und automatisierte Auto

Als sie die Richtung aus den Augen verloren, verdoppelten sie die Geschwindigkeit. So oder ähnlich könnte man die Situation der deutschen und europäischen Automobilindustrie und Verkehrspolitik in diesem Szenario mit dem Untertitel »Weiterfahren und Gas geben« beschreiben, die durch großen verbalen und investiven Aktivismus, aber wenig konsistente Zukunftsbilder und Glaubwürdigkeit gekennzeichnet ist. Auch Nachhaltigkeit und Lebensqualität sind keine sehr ernsthaft angepeilten Kenngrößen in diesem Zukunftsbild. Nennenswerte transformative politische Impulse von staatlicher Seite und die dringend erforderliche Einbettung der Automobilpolitik in ein in sich geschlossenes umwelt- und verkehrspolitisches Gesamtkonzept finden hier nicht statt, gleichwohl es einzelnen Kommunen durchaus gelingen könnte, neue Wege zu gehen. Dieses Szenario ist im Kern also eine weiter forcierte Hightechvariante des vernetzten und automatisierten Fahrens so weit und so schnell, wie es die Entwicklungsgeschwindigkeit der Assistenz- und Automatisierungstechnologien jeweils zulässt. Insbesondere das Anwendungsspektrum der sogenannten Augmented Reality verspricht hier enorme Marktpotentiale für verbesserte Informations- und Entertainmentsysteme, die potentiell das gesamte Fahrzeug zu einem großen und interaktiven Bildschirm machen sollen. Sollten solche Systeme in fünfzehn bis zwanzig Jahren anwendungsreif sein, stellt sich vor allem die interessante Frage, ob die Fahrzeughersteller auch die Inhalte ihrer Infotainmentsysteme anbieten können und sollen oder ob hier die Kooperation mit den Produzenten von Inhalten und Diensten der sinnvollere Weg ist. Diese und weitere Entwicklungen ergeben sich in diesem Szenario in den politisch sehr wenig reglementierten Arenen, Auseinandersetzungen und Arrangements der maßgeblichen Branchen, Unternehmen und Märkte. Elektromobilität spielt nur bedingt und regional eine Rolle, wenn auch eine größere als heute.

Es ändert sich in diesem Zukunftsbild also recht wenig gegenüber dem beschriebenen prekären Status quo. Obwohl die von den Digitalisierungsvisionen des Silicon Valley ebenso wie durch die chinesischen Elektromobilitätsambitionen doppelt in die Zange genommene europäische Automobilindustrie ein relativ klares Minimalanforderungsprofil für die nötige zukünftige Geschäftsausrichtung in den kommenden Jahren formulieren kann – die forcierte Entwicklung der Elektromobilität, die digitale Vernetzung und Automatisierung ihres Kernproduktes und die Aufgabe, dem Trend zur urbanen Sharing Economy mit einer neuen automobilen Dienstleistungskultur des Car- und Ridesharing zu begegnen –, fällt es ihr sehr schwer, aus sich heraus diesen Weg zu gehen. Denn dieses Aufgabenpaket ist enorm und übersteigt alle bislang erlebten Herausforderungen der Industrie bei weitem. Wobei einzelne Unternehmen sich dabei durchaus leichter tun und schneller die Richtung wechseln könnten als andere. Ohne eine klare organisationskulturelle Veränderung von Mentalitäten, Strukturen und Prozessen wird es dabei nicht gehen. Diese gelingt in diesem Szenario nur wenigen europäischen Unternehmen in Ansätzen. Die anderen bleiben in ihrer zum Teil stark verkrusteten und hierarchischen, auf technische Effizienz, Massenproduktion von Hardware und Profitmaximierung durch Wachstum ausgerichteten Organisationsstruktur Gefangene des eigenen bisherigen Erfolgs. Den branchenfremden Akteuren aus der IT-Branche und den IT-plattformbasierten Mobilitätsvermittlern wie BlaBla-Car, Uber oder Gett gelingt auch deswegen der Markteintritt vor allem in den schnell wachsenden Marktsegmenten der urbanen Mobilität besonders gut.

Da die Branche allein den Wandel nicht schafft, kommt sie durch die chinesische Elektromobilitätsstrategie und die technische wie ökonomische Übermacht der IT-Branche in den kommenden Jahren derartig unter Druck, dass es im schlechtesten Fall zur Marktbereinigung durch Übernahmen und Zusammenschlüsse kommen könnte. Die beschäftigungspolitischen Folgen in den großen automobilen Wertschöpfungsregionen würden in diesem Fall enorm sein und zu regionalen sozialen Verwerfungen beitragen. Die neuen protektionistischen Tendenzen der USA und Chinas werden diese Situation im Zweifel noch deutlich zuspitzen.

Das mögliche Szenario: Das intermodal vernetzte Elektroauto

Das zweite Szenario, das man mit dem Untertitel »Weiterfahren und den Motor wechseln« bezeichnen könnte, geht von der Annahme aus, dass sich Politik und Unternehmen in Deutschland zu einer insgesamt eher gemäßigten, aber punktuell durchaus starken politischen Einflussnahme und Kooperation durchringen können. Es kommt dabei zu einem »Deal« für eine moderate und teilweise Modernisierung der Automobilität, bei der Nachhaltigkeit und verbesserte urbane Lebensqualität vor allem durch neue Antriebstechniken und partiell durch neue Nutzungsformen adressiert werden. Auch dieses Szenario basiert also tendenziell auf einem Hightechkonzept, das hier allerdings vor allem in den urbanen Regionen auf den digitalen Verbund aller Verkehrsmittel ausgerichtet ist und damit an die im zweiten Zwischenstopp skizzierte Entwicklungsoption der digital vernetzten Mobilität anschließt. Das Auto ist in diesem Verbund ein »Baustein« intelligenter Verkehrsmittelkombinationen, der in einigen Regionen auch als automatisierter Transport angeboten werden könnte. Die ländliche Mobilität wird in diesem Szenario überwiegend private Automobilität bleiben, allerdings stark elektrifiziert. Die Aktivitäten der digitalen Branche gehen dabei durchaus so weit, mit automatisierten und hochvernetzten Fahrzeugflotten auch weite Bereiche des heutigen öffentlichen Transportangebots des Bus- und Schienenverkehrs in urbanen, suburbanen und ländlichen Regionen zu übernehmen. Dem versuchen in Europa die etablierten Anbieter öffentlicher Verkehre durch eigene Vernetzungs- und Automatisierungsbemühungen zu begegnen. Eine bundes- oder sogar europaweit übergreifende politische Strategie zur Förderung der intermodalen Mobilität, bei der auch der öffentliche Verkehr, entsprechende Infrastrukturinvestitionen und die Neuregelung der Nutzung des öffentlichen Raumes politisch umgesetzt werden, wird in diesem Szenario jedoch nicht verfolgt. Alle im Rahmen dieses Szenarios womöglich denkbaren Entwicklungen dieser Art ergeben sich allein aus dem Zusammenspiel kommunaler Verkehrspolitik in fortschrittlichen Städten und einer offenen Marktdynamik für die neuen digitalen Geschäftsmodelle des Car- und Ridesharing, die mit fortschreitendem zeitlichen Verlauf in diesem Szenario immer stärker von den Unternehmen aus der digitalen Branche und ihren Start-up-Ablegern vorangetrieben werden. Die Autoindustrie bleibt auch in diesem Szenario in diesen neuen Märkten eher schwächer aufgestellt, weil das Angebot dieser Nutzungsinnovationen auch zukünftig ihrer Organisationsmentalität nur wenig entspricht. Der Wandel zur Elektromobilität ist für die Industrie im diesem Szenario Herausforderung genug. Aber eine, der man sich nicht länger verschließen konnte. Denn die protektionistische Politik der neuen US-Regierung machte den deutschen Autobauern zusätzlich zu schaffen. Außerdem sah die Situation vor allem für die VW AG aufgrund der Kompensations- und Strafzahlungen für die Diesel-Misere besonders schlecht aus. Zugleich – und das war wirklich bedrohlich – war im Laufe des Jahres 2016 klargeworden, dass die chinesische Regierung es sehr ernst meinte und alles dafür tun würde, eine eigene Automobilindustrie aufzubauen und die Elektromobilität zur dominanten Mobilitätstechnik zu machen. Um die eigene im Krisenmodus schlingernde Industrie dagegen zu wappnen, so sah es nun die Politik, müsse sie ihr Primat ähnlich stark wahrnehmen wie die chinesischen Kader und fordernd wie fördernd zumindest zeitweise in das Marktgeschehen eingreifen, das aus sich heraus einen schnellen Wandel und zugleich eine positive Zukunftsoption für die Industrie nicht mit sich bringen würde. Die Autoindustrie war einfach »to big to fail«. Andererseits hatte man in anderen Branchen die Erfahrung gemacht, dass Schreibmaschinenhersteller aus sich heraus keine Computer erfinden und schon gar nicht zu guten Computerproduzenten werden würden. Aber was war in China geschehen?

Chinas »Leap-Frog«: »Made in China 2025« und der Plan des Grünen Drachen

»Leap-Frog« ist der englische Begriff für Bocksprung. In der Innovationsforschung steht der Begriff für das Auslassen bzw. das Überspringen einzelner Stufen im Laufe eines Entwicklungsprozesses. Im Falle der chinesischen Mobilitätsstrategie wird er verwendet, um die Aktivitäten zu kennzeichnen, mit denen Chinas Kader seit spätestens 2016 den Aufbau einer eigenen Automobilindustrie mit großer Entschlossenheit vorantreiben. Denn es war klar, dass man den riesigen Kompetenzvorsprung der europäischen, japanischen und amerikanischen Autoindustrie beim Verbrennungsantrieb evolutionär erstens niemals würde aufholen können und dessen beste Zeiten zweitens ohnehin schon lange vorbei waren. Die Elektromobilität würde man demgegenüber schnell beherrschen lernen und die eventuellen, gar nicht so großen Vorsprünge der etablierten Autobauer aufholen. Drittens aber hatte man noch kaum die innovationshinderlichen Strukturen des verbrennungsmotorischen Produktions- und Konsumregimes aufgebaut. Mit anderen Worten: Keine Fabriken und Produktionslinien für Verbrennungsmotoren und Getriebe, die ausgelastet werden müssen, keine Arbeitsplätze, die zu erhalten wären, keine Mitarbeiter, die umzuschulen wären, keine Gewerkschaften, die für den Wandel mit an Bord geholt werden müssen. Und vor allem: keine Konsumenten, die aufgrund ihrer langjährig eingeübten automobilen Routinen und Lebensweisen dem Elektroantrieb gegenüber skeptisch wären, sondern die Entwicklung ihrer modernen Mobilitätskultur gleich auf der neuen Technik gründen würden. Während sich die deutsche Autoindustrie also immer mit der Frage beschäftigen musste, wie sie vom Heute ins Morgen käme, ohne viel Flurschaden für sich und andere zu verursachen, stellte sich diese Frage in China kaum. Schließlich war auch klar, dass die Zukunft der Mobilität in China ein politisch stark gesteuertes und gefördertes Projekt sein würde, eingebunden in ein industriepolitisches Modernisierungsprogramm mit dem Namen »Made in China 2025«, in der die Elektromobilität neben der Robotik und Luft- und Raumfahrt eine zentrale Rolle spielen sollte. So konnte ohne viel Ballast und viel Rückenwind ein sehr weiter Bocksprung tatsächlich gelingen. Dieses Modernisierungsprogramm war selbst wiederum eingebunden in ein großangelegtes Transformationskonzept des Politbüros für Wachstum und Nachhaltigkeit, im Jargon der politischen Kader als »Plan des Grünen Drachen« bezeichnet, der aber nicht öffentlich gemacht worden war. In China zählt der Drache zu den glücksbringenden Wesen. Grüne Drachen verkörpern den Frühling und den Osten, was man in Bezug auf den bezeichneten Plan etwa als den Aufbruch in der östlichen Hemisphäre in ein grünes, ein ökologisches chinesisches Zeitalter deuten kann. Der chinesische Plan des Grünen Drachen hatte vier Ziele: erstens die weitgehende Energieautarkie vor allem im Hinblick auf Erdöl, da die sich abzeichnenden Rohstoffkonflikte enorme Kosten mit sich bringen würden, man aber das Drama der westlichen Industrienationen nicht unbedingt wiederholen wollte, um Rohstoffe Kriege zu führen. Zweitens die weitgehende Klimaneutralität des chinesischen Konsummodells. Drittens die drastische Verminderung aller Luft- und Wasseremissionen und viertens das Einschlagen eines ökologisch langfristig tragfähigen Innovations- und Technologiepfades über alle Sektoren wirtschaftlicher Aktivität hinweg. China machte damit tatsächlich wahr, was einige westliche Innovationsökonomen schon zur Jahrtausendwende für möglich gehalten hatten: den technologischen Quantensprung über die westlichen Technologien und Infrastrukturen hinweg in ein chinesisches grünes Zeitalter der Produktion und des Konsums. Den Chinesen war dabei klar, dass sie nicht alle Wirtschaftsbereiche gleichzeitig umkrempeln konnten. Deswegen konzentrierten sie sich erst einmal auf einen der Dreh- und Angelpunkte all ihrer Zielmarken: die Mobilität. Hier verbanden sich die wichtigsten Problemlinien, hier war der größte Wachstumsmarkt und zugleich eines der größten Innovationspotentiale zu erwarten. Die Chinesen formulierten auch hier Ziele: Der geplante Aufbau einer Fahrzeugproduktion ohne die Beteiligung westlicher Firmen wurde begleitet durch eine finanziell sehr gut ausgestattete Strategie zur Forschungs- und Entwicklungsförderung, vor allem aber durch drastische Emissions- und Verbrauchsauflagen zur Durchsetzung von Null- bzw. Niedrigemissionsfahrzeugen insbesondere für ausländische Importe, durch Kaufprämien, beschleunigte Zulassungsverfahren, Nutzenvorteile wie Fahren bei Smog und kostenfreies Parken, Infrastrukturprogramme zum Ausbau der elektrischen Versorgungsinfrastruktur und der kollektiven Verkehrsträger, also elektrisch angetriebener Bahnen und Bussysteme für die urbanen Ballungszentren, und schließlich eine digitale Mobilitätsstrategie zur Optimierung des Zusammenspiels der Verkehrsträger. Die vorgegebenen Ziele waren ambitioniert: Bis 2020 sollten fünf Mio. Fahrzeuge elektrifiziert sein, bis 2030 sollten pro Jahr etwa 15 Mio. E-Autos verkauft werden. Und die Zentralregierung tat auch einiges, um den Absatz der neuentstehenden Branche zu steigern und die Kostendegression bei hohen Produktionsstückzahlen anzukurbeln. Etwa indem man in immer mehr Städten die Taxiflotten elektrifiziert hat und festgelegt wurde, dass mindestens 30 % der vom Staat für öffentliche Zwecke insgesamt beschafften Dienstfahrzeuge E-Autos sein mussten. Als 2016 dann schließlich mit viel Kapital und öffentlicher Aufmerksamkeit das Start-up »Future Mobility Cooperation« (FCM) gegründet wurde, das sich sofort daranmachte, weltweit die besten Spezialisten aus der alten westlichen Industrie anzuwerben, die man brauchte, um schnell zu hohen Produktionszahlen bei sehr guter Qualität zu kommen, war das der letzte unüberhörbare Warnschuss an die alte Autoindustrie in Europa, endlich aufzuwachen und die eigenen Anstrengungen hochzufahren.

Der Wolfsburg-Deal: Sprung in die Elektromobilität

November 2017. Die Koalitionsverhandlungen sind abgeschlossen. Die neue Regierung steht. Jetzt treffen sich die Chefs der vier großen deutschen Autobauer mit der Regierungsspitze im Kanzleramt, um ihre Unterschrift unter einen Vertrag zu setzen. Vertrauliche Vorgespräche hatten schon während der Koalitionsverhandlungen in einem kleinen Schloss bei Wolfsburg stattgefunden. Ein Mitarbeiter der politischen Kommunikation der VW AG hatte den Ort vorgeschlagen. Sollte es zum neuen Automobilbund kommen, so hatte er sich mit Blick auf die mediale Vermarktbarkeit ausgemalt, wäre Wolfsburg der richtige Ort, um mit dem Neuanfang verbunden zu werden. Schließlich war es in Wolfsburg, wo die Massenmotorisierung Deutschlands unter dunklen Vorzeichen ihren Ursprung hatte, wo sie mit der Weltmarktführerschaft des VW Konzerns als Volumenhersteller ihren vorläufigen Höhepunkt fand und wo schließlich Dieselgate das Unternehmen und die ganze Branche in eine tiefe Krise stürzte. Wolfsburg, dieser unscheinbare Ort mitten in der niedersächsischen Rübenprovinz war im kollektiven Gedächtnis mit mindestens ebenso ambivalenten Assoziationen von Aufstieg, Erfolg und Niedergang verbunden wie Detroit in den USA. Ein kleiner Ort, ein weltweites Symbol der überkommenen fossilen Automobilkultur. Jetzt sollte auch das Fanal des Neuanfangs mit der Elektromobilität an diesem Ort gesetzt werden.

Hauptziel des Deals war es, der Autoindustrie durch die kluge Kombination industrie-, innovations- und verkehrspolitischer Politiken in nur wenigen Jahren einen forcierten technischen Wandel zum E-Antrieb zu ermöglichen. Im Gegenzug wurden der zügige Abschied vom Dieselmotor und der perspektivische Ausstieg aus der fossilen Antriebstechnologie insgesamt eingefordert und von der Autoindustrie vertraglich zugesichert. Dem vorausgegangen waren Absprachen schon während des Wahlkampfes. Die Initiative ging von einigen einflussreichen Parlamentariern aus den Automobilregionen aus, die sich Sorgen machten über die zukünftige Beschäftigungssituation und die soziale Lage in ihren Wahlkreisen, wurde aber von der Autoindustrie bald an höchster Stelle aufgegriffen, da es immer deutlicher erkennbar wurde, dass die Autobauer eine schnelle Wende zur Elektromobilität aus eigener Kraft nicht schaffen würden. Insbesondere der Vorstand von Opel war dabei einer der treibenden Kräfte. Nachdem der Deal mit dem französischen PSA-Konzern zustande gekommen war, legte Opel alles daran, die weitere Sanierung aus eigener Kraft zu schaffen und sich dabei als Testunternehmen der Transformation zum ersten reinen Produzenten von Elektrofahrzeugen zu profilieren.

Fordern gegen Fördern: Ein Beteiligter des Deals erinnert sich

Um eine Markttransformation wie die zum Elektroauto sehr schnell zu vollziehen, gibt es im Prinzip zwei Möglichkeiten. Unter »technology forcing« ist dabei eine auf die Hersteller ausgerichtete Politik zu verstehen, die die gesetzten Ziele z. B. über nach und nach ansteigende Emissions- oder Verbrauchsgrenzwerte für deren Produkte avisiert und die Einhaltung der Grenzwerte auch streng kontrolliert. Technology forcing kann über genaue Zielvorgaben eine sehr effektive Markteinführungshilfe für neue Fahrzeugtechnologien sein. So wie es beispielsweise die kalifornischen Gesetzgeber mit ihrem »Zero-Emission-Vehicle-Mandaten« vorgesehen hatten. In seiner ursprünglichen Fassung sah das Gesetz vor, dass ab 1998 mindestens 2 % der von einem Hersteller in Kalifornien abgesetzten Fahrzeuge Nullemissionsfahrzeuge sein mussten. Am Ende war das Gesetz stark verwässert worden und kaum wirksam. Aber die Chinesen haben diese Idee 2016 kopiert und wirklich ernsthaft umgesetzt. Auch wir haben das dann kopiert, den Markthochlauf für Nullemissionsfahrzeuge aber noch kombiniert mit dem fest vereinbarten Ausstiegszeitpunkt aus den thermischen Antrieben im Jahr 2030, um einen klaren und sicheren Planungshorizont für die Hersteller aber auch für die Verbraucher zu erzeugen. Und wir haben das Fordern um das Fördern ergänzt: Dieser sogenannte »technology pull« hilft Herstellern sowohl bei der Entwicklung, vor allem aber bei der Markteinführung einer neuen Technik. In unserem Deal mit den Unternehmen haben wir deswegen über verschiedenste Möglichkeiten der Unterstützung ihrer eigenen Forschung und Entwicklung verhandelt. Außerdem haben wir versucht, ein in sich schlüssiges Set von politischen Maßnahmen zu konzipieren, mit dem die Veränderung des Verbraucherverhaltens zugunsten der Elektromobilität gelungen ist:

- *Forschungs- und Entwicklungsförderung:* Ein Bestandteil des Programms war, die Entwicklungsbemühungen der Industrie durch die Investition in und Bündelung von staatlich geförderten Forschungsbemühungen in den Bereichen gezielt zu unterstützen, wo noch Bedarf zu sehen war. Vorgesehen waren deswegen vor allem Forschung und Entwicklung im Bereich der Speicher, also Batterietechnologie und der Wasserstoffspeicher, da wir die Brennstoffzelle mit in das Programm einbezogen haben. Ab einem bestimmten Zeitpunkt haben wir die vorwettbewerbliche Förderung dann durch ein wettbewerbliches Verfahren ergänzt, in den USA unter dem Spitznamen »Goldene Karotten« bekannt, das sehr erfolgreich im Bereich der Markttransformation zugunsten ökoeffizienter Kühl- und

Gefriergeräte eingesetzt worden war. Aus einem speziell dafür eingerichteten finanziellen Pool wurde in Analogie dazu ein sehr hohes Preisgeld gestiftet, das an den europäischen Hersteller vergeben wurde, der es geschafft hatte, in einem bestimmten Zeitraum den marktreifen Prototypen eines Nullemissionsfahrzeugs herzustellen und gleichzeitig das vielversprechendste Vermarktungsprogramm vorgelegt hatte. Die tatsächliche Vermarktung war dann auch eine verpflichtende Voraussetzung für die Auszahlung des Preisgeldes. Sie wurde anteilig pro abgesetztem Fahrzeug ausgezahlt. Das Rennen hat dann letztendlich ein Joint Venture von BMW und Daimler gemacht. Überraschenderweise ist es auch Opel in einer zweiten Wettbewerbsrunde gelungen, die Karotte zu schnappen.

- *Markttransformation:* Nach unserer Auffassung konnte das Programm nur erfolgreich sein, wenn wir die Bemühungen der Autoindustrie durch starke Impulse zur Veränderung des Käuferverhaltens ergänzen würden. Hier verfolgten wir, ähnlich wie die chinesische Regierung – neben Nutzervorteilen beim Parken oder der bevorrechtigten Zufahrt zu emissionsbeschränkten städtischen Räumen –, verschiedene über den Preis wirksame Ansätze, die die Markteinführung von neuen Technologien beschleunigten. Vor allem die City-Maut, die wir als bundesweit einheitlichen Gesetzesrahmen umsetzten, gab den Kommunen ein sehr effektives Instrument in die Hand. City-Mautsysteme dienen eigentlich vor allem der Verkehrsaufkommenssteuerung und der Regulierung der Emissionsbelastung, können aber mit diskriminierenden oder fördernden Wirkungselementen für neue Technologien gekoppelt werden. Im Rahmen des Programms haben die Kommunen diesen Ansatz in ihren Hoheitsgebieten in unterschiedlicher Art und Weise eingesetzt, etwa in Form von gestaffelten Mautgebühren, abhängig von der Entfernung vom Stadtzentrum oder von den Emissionen. Auch die Kfz-Steuer haben wir in

Abhängigkeit von den CO2-Emissionen neu gestaffelt, und mit Kaufprämien wurden die neuen Technologien im Augenblick des Kaufs gefördert. Damit wurde das Problem der zunächst erhöhten Kosten von neuen Technologien für den Kunden gemildert. Über Bonus-Malus-Systeme kombinierten wir dabei die Gebühren für die herkömmlichen verbrauchs- bzw. emissionsintensiven Fahrzeuge mit Rabatten für Nullemissionsfahrzeuge. Sie hatten den Vorteil, für den Staat weitgehend kostenneutral gestaltbar zu sein, da die Rabatte mit den Gebühren gegenfinanziert wurden. Als wichtigstes Instrument zur Beschleunigung der Markttransformation erwies sich dann aber vor allem die Beschaffungspolitik. Sie ermöglicht die Unterstützung der Markteinführung neuer Technologien durch ein verändertes Nachfrageverhalten privater und öffentlicher Großnachfrager, die wir massiv genutzt haben. Das Mittel der Marktmacht steht ja grundsätzlich jeder Organisation zur Verfügung, die als Fahrzeugflottenbetreiber eine genügend große Zahl von Investitions- und Kaufentscheidungen beeinflusst, wie zum Beispiel Bund, Länder, Kommunen, Bundeswehr, Post, Bahn, große Unternehmen, Kirchen, Diakonie, Taxiflotten, Pflegedienste, Mietwagenverleiher, Lieferdienste, Stadtwerke und andere kommunale Flotten, Chauffeurservices wie Uber, u.v.m. Diese Nachfragemacht haben wir koordiniert und gebündelt. Unser Ziel war es, durch die zeitweilig gezielte Erhöhung der nachgefragten Stückzahlen eine Spirale der Kostendegression für die neuen Technologien in Gang zu setzen. Als ein ganz wichtiger Partner erwies sich in dieser Situation die Deutsche Post. Sie hatte nach vielfachen vergeblichen Versuchen, die Autoindustrie dazu zu bringen, einen elektrischen Transporter für die Post zu bauen, die Geduld verloren, auf Eigeninitiative gesetzt und zusammen mit der RWTH Aachen einen elektrisch angetriebenen »Street-Scooter« entwickelt. 2017 waren bereits 2000 Street-Scooter im Einsatz. Bis 2020

sollte die gesamte Flotte der überwiegend mit Diesel angetriebenen Fuhrparkflotte von heute knapp 45 000 Fahrzeugen elektrifiziert sein. Im Bereich der urbanen Lieferlogistik hatten wir also bereits eine funktionierende technische
Basis, auf die wir mit unserem Programm zur Flottenkon-
version nur anzuschließen brauchten. Am Ende kamen wir
auf eine jährliche Gesamtneubeschaffung von über 500 000
Fahrzeugen pro Jahr. Es war der Teil des Deals, mit dem
wir das Projekt zu einer wirklich gesamtgesellschaftlichen
Angelegenheit gemacht haben. Niemand hatte erwartet,
dass das so gut klappen würde.

- *Infrastrukturbereitstellung:* Was wir von Tesla gelernt hatten, war, wie wichtig die Frage des Stromtankens sein würde. Während wir in Deutschland die Verantwortung für das
Thema in klassischer Henne-Ei-Manier immer von einem
zum anderen geschoben haben, hatte Tesla das Laden einfach von Anfang an in das Geschäftsmodell integriert und
eine relativ flächendeckende Ladeinfrastruktur für seine
Kunden aufgebaut. Es war ja im Grunde sehr schwer ver-
ständlich, warum in einem Land mit intakten Stromnetzen
und einer Vielzahl von gut zugänglichen Starkstroman-
schlüssen Elektroautofahrer mit quasi eingebauter Zukunftsangst bezüglich der Reichweitenlimitierung unterwegs sein mussten. Deswegen haben wir als Teil des Deals
auch die Mineralölbranche und die Energieversorger mit
an den Tisch geholt. Die einen suchten damals mit Blick
auf den geplanten Ausstieg aus den thermischen Antrieben
nach einer Geschäftsperspektive für ihr breitausgreifendes
Tankstellennetz, die anderen nach Möglichkeiten, möglichst viel erneuerbare Energie über Smart-Grid-Konzepte
in die große dezentrale Speicherarchitektur dezentral vernetzter Autobatterien einzubringen.

Und wie wurde der Wolfsburg-Deal finanziert? Durch die
zeitweise Umwidmung und Bündelung von Forschungsgel-

dern, durch die Abschaffung der Dieselsubventionen, durch Umwidmung von Geldern des Verkehrsministeriums, die für weiteren Straßenausbau vorgesehen waren, durch eine teilweise Umwidmung der Mittelverwendung aus der Mineralölsteuer und schließlich durch die Mittel, die wir mit der neujustierten Pkw-Maut einnahmen. Dieses Abschmelzen der bisherigen Bevorteilungs- und Subventionierungspraxis der thermischen Antriebe war uns sehr recht. Warum soll man das Ungewünschte zeitgleich zum gewünschten Neuen weiter fördern? Auch hier setzten wir also auf das Wechselspiel von Push und Pull und finanzierten das wünschenswerte Neue durch die Belastung und Benachteiligung des nicht mehr gewünschten Alten. Nur indem wir unseren Primat der Politik wahrgenommen haben, waren wir erfolgreich. Das endlich einzugestehen war die eigentliche große Transformationsleistung von Politik und Unternehmen.

Das visionäre Szenario: Die vernetzte postfossile Mobilität

Das dritte Szenario mit dem Titel »Anhalten und Umsteigen« ist am weitesten vom Status quo entfernt und basiert auf der Annahme einer politisch stark und umfänglich unterstützten Nachhaltigkeitstransformation der Mobilität, in der das Auto nur noch eine Nebenrolle spielt. Es ist das eigentliche »Volk-ohne-Wagen«-Szenario, und es ist das am wenigsten wahrscheinliche Zukunftsbild, dabei aber auch das, in welchem die im voranstehenden Kapitel hergeleiteten Kriterien der nachhaltigen Mobilität am ehesten erreicht werden können. Es ist eine Zukunftsvariante, die im Kern auf gut ausgebauten, integrierten und modernisierten öffentlichen Verkehrsmitteln aufbaut, die mit Individualverkehrsmitteln der sogenannten Mikromobilität wie Zweirad, Segways, Elektroscootern oder elektromobilen Dreirädern kombiniert wird. Hier ermöglichen digitale Verknüpfungstechnologien das Teilen und Vernetzen dieser Verkehrsmittel zur »seamless mobility«, auch unter Einbezug des Autonomen Fahrens mit E-Fahrzeugen im permanenten Flottenbetrieb, vor allem dort, wo es als Ergänzung des öffentlichen Verkehrs viel Sinn macht. Allerdings spielen hier die ganz traditionellen Nutzungskonzepte auch wieder eine sehr wichtige Rolle, wie zum Beispiel das Zweirad und die fußläufige Mobilität in zukünftig auf mehr Nähe und funktionale Mischung angelegten Siedlungs- und Wirtschaftsstrukturen. Auch hier soll nun zunächst ein Augenzeuge aus der Zukunft mit einem kurzen illustrierenden Bericht zu Wort kommen. Dann folgt eine Collage von Zukunftsbildern zur urbanen Mobilität, zur teilautomatisierten Gütermobilität und zum Telependeln am Beispiel Berlins.

Die Mobilitätsservice GmbH –
Ein Soziallabor zukunftsfähiger Mobilität

2018 geschah in einer Region im Südosten Niedersachsens Unerwartetes. Eine große Automobil-AG gründete eine Tochterfirma mit dem Namen Mobility, Mobilitätsservice GmbH. Spezialisten der Mobilitätsforschung des Konzerns, des Flottenmanagements, der IT-Bereiche und der Geschäftsfeldentwicklung der firmeneigenen Leasingbank wurden zusammengeführt, um die lange diskutierte Idee Wirklichkeit werden zu lassen, ein Dienstleistungsunternehmen für Mobilität zu gründen. Während man in Asien mit Autos noch viel, aber schnell absehbar immer weniger Geld verdiente, wollte man die Region zu einer Modellregion für Nutzungsinnovationen der Mobilität machen. Viele Gründe sprachen zu diesem Zeitpunkt für diesen Schritt: Die Firma hatte ein Imageproblem, die Emissions- und Klimadebatte übte einen immer größeren Druck auf die Autobauer aus, sich in Richtung Nachhaltigkeit zu bewegen, und schließlich wurde die Frage der Ressourcenendlichkeit intern weitaus besorgter gesehen, als man sich das anmerken ließ. Auch das Elektroauto – das sah man nun langsam sehr klar – würde nicht das erhoffte Messias-Gefährt zur Rettung der Dinosaurier sein, auf das man zunächst gehofft hatte. Es würde im Gesellschaftsmodell der Massenmotorisierung das Verbrennungsauto nicht einfach funktional äquivalent ersetzen können – 40 Mio. Verbrenner gegen 40 Mio. E-Fahrzeuge –, und alles liefe weiter wie bisher, und die Autoindustrie wäre gerettet. Nein, auch das Elektroauto würde mit Ressourcenengpässen bei der Batterieherstellung und der Fahrgestellproduktion zu kämpfen haben – woher sollte denn der ganze Leichtbaukunststoff kommen wenn nicht vom Erdöl, die smarten Biokunststoffe waren damals ja noch nicht erfunden –, und es war mit einem Reichweitendefizit behaftet, das sich – wollte man nicht massiv Ressourcen in Batterien mit hohen Reichweiten und eine Hochleistungsinfrastruktur zur Versorgung investieren – nur im Verbund mit anderen Verkehrsträgern und also neuen Geschäftsmodellen würde lösen lassen. Eine besondere Sorge trieb vor allem die Gewerkschaftler im Aufsichtsrat um, und sie fanden damit viele Verbündete in der Regionalpolitik. Was würde aus der Region werden, wenn z. B. die Treibstoffpreise aufgrund der volatilen geopolitischen Lage explodieren und niemals wieder fallen würden, wenn damit nicht nur die Produktion, sondern auch der Betrieb von Autos sehr viel teurer und irgendwann für die meisten Menschen unmöglich werden würde? Oder was würde werden, wenn die aufstrebende Konkurrenz aus Asien und Kalifornien noch härter angreifen würde? Die automobilindustrielle Monokultur der Region würde sehr wahrscheinlich in einer hohen Arbeitslosigkeit und einer sozialstrukturellen Abwärtsspirale münden. Die Wirtschaftsstruktur der Region würde man zwar nicht sofort radikal ändern können, so der Gedanke, wohl aber die Abhängigkeit vom einzigen, jetzt noch erfolgreichen Produkt, zugunsten einer größeren Produktvielfalt und vor allem den Aufbau von Dienstleistungskompetenz für den Betrieb von integrierten Verkehrsangeboten. Vielleicht würde man irgendwann sogar in die Produktion und den Betrieb von öffentlichen Verkehrsmitteln investieren. Alles war möglich. Nötig aber war zunächst ein überschaubares Reallabor, das man neben Testzwecken vor allem für eines nutzen konnte: das sichtbare, funktionierende und erlebbare Beispiel einer anderen Mobilität zu erschaffen und zu vermarkten als Leitbild einer nachhaltigen Zukunft. Das war wirklich revolutionär und kam genau zum richtigen Zeitpunkt.

»Mit den gleichen Sachen anderes Machen« – Nutzungsinnovationen der Mobilität

Die Grundidee der Mobility GmbH war zunächst kein anderer als der einer intelligenten und kreativen Nutzung und Verknüpfung der gegebenen Verkehrsinfrastrukturen und -produkte. Mit Hilfe firmeneigener IT-Spezialisten begann man mit dem Aufbau eines Netzwerks auf der Basis des mobilen Internets für den gesamten Großraum. Bald konnte jeder Kunde mit seinem Handy seine gesamte Mobilität organisieren: Carsharing-Autos buchen, Fahrräder entleihen, kleine Elektrofahrzeuge mieten, eine elektronische Mitnahmebitte verschicken oder ein Zug- oder Busticket kaufen. Überall in der Stadt wurden dezentrale Mobilitätsstationen aufgebaut, an denen die Fahrzeuge stationiert waren, später wurden die Stationen ergänzt durch den offenen, flexiblen und spontanen Zugang zu Fahrzeugen im gesamten Stadtraum. Die Fahrzeuge wurden mit dem Smartphone freigeschaltet und die Kosten für die Nutzung automatisch abgebucht. Die Mobility war eine Art Mobilitätsmakler, der mit allen anderen Betreibern von Verkehrsmitteln in der Stadt und überregional kooperierte, auch mit den Privatbesitzern von Autos. Dazu wurden in regelmäßigen Abständen an gut sichtbaren Stellen im Straßenraum Haltestellen für Privat-Pkw eingerichtet. Hier standen dann die elektronischen Anhalter, die über ihr Smartphone eine Mitnahmebitte über das von der Mobility organisierte

Netzwerk gesendet hatten. Bald wurden immer mehr E-Fahrzeuge im Flottenbetrieb eingesetzt, ab 2020 dann ausschließlich. Das hatte den Vorteil, dass diese Fahrzeuge dort eingesetzt wurden, wo sie am effizientesten waren: auf kurzen, vielfältigen Wegen im städtischen Raum, wo sie wenig Platz verbrauchten und leise und emissionsfrei unterwegs waren. Die technischen Serviceleistungen und das Aufladen konnte an den Stationen direkt vom Anbieter übernommen werden. Im Grunde waren die Mobilitätsdienste auch eine zusätzliche Art Markteinführungshilfe für die neue Elektrotechnologie. Im Flottenbetrieb konnte der Konzern die selbst hergestellten E-Fahrzeuge profitabel betreiben. Mit der Zeit wurde die Technik bekannter und einschätzbarer. Außerdem war der Flottenbetrieb enorm effizient, da ein und dasselbe Fahrzeug im Idealfall 24 Stunden am Tag im Einsatz war. Hier experimentierte man auch mit der Technologie des autonomen Fahrens, erkannte aber bald, dass die tatsächliche technische Umsetzbarkeit noch mindestens ein bis zwei Jahrzehnte weitere Entwicklungszeit bis zum vollautonomen Fahren in komplexen urbanen Verkehrssituationen brauchen würde. Auf manchen wenig frequentierten ländlichen Strecken wurden aber doch vielfältige Versuche unternommen.

Die Mobility wurde ein Erfolgsmodell, kooperierte mit den öffentlichen Mobilitätsanbietern, wie der Deutschen Bahn AG und den regionalen Verkehrsbetrieben, und baute mit der Zeit ein sehr erfolgreiches Dienste- und Abrechnungsnetzwerk auf, in dem auch Privatpersonen Transportdienstleistungen, Hol- und Bringdienste, Reparaturdienste, später auch Pflege- und Cateringservices anbieten konnten. Dabei entstand eine völlig neue Form von Regionalwährung: die Mobilitätspunkte. Das war zunächst vor allem für Rentner, Erwerbslose und Geringverdiener eine gute Möglichkeit, sich etwas dazuzuverdienen. Sie konnten zum Beispiel mit ihren Fahrzeugen Arzt- und Apotheken-Shuttledienste für Kranke, Gebrechliche oder Bequeme leisten. Dafür bekamen sie auf ihrem Mobilitykonto Mobilitätspunkte gutgeschrieben, die für Energiekosten, Fixkosten oder weitere Mobilitätsdienste wie Bus- oder Zugfahrten aufgewendet werden konnten. Es gab ganze Dörfer im ländlichen Gebiet der Modellregion, in denen viele ältere Menschen ihr eigenes Auto abgaben und auf diese Weise auf die Dienste eines rüstigen Rentners oder arbeitslosen Nachbarn zurückgriffen. Im Endeffekt kostete es alle weniger, und einige konnten davon sogar noch ein wenig besser leben.

»Nutzen statt Besitzen« – Zugang zu Dienstleistungen statt Privateigentum von Dingen

Weniger Produkte durch kluge Organisation und Netzwerkbildung effizient nutzen – das also war die Firmenphilosophie der Mobility, und ihr Kapital bestand aus ihrer professionellen Verknüpfungskompetenz. Bald war die Firma in der Modellregion ein fester Bestandteil des regionalen Markenimages. Als die Ressourcenpreise später wirklich drastisch anstiegen, war bewiesen, dass die Gründung der Mobility die richtige Zukunftsstrategie der Automanager des Mutterkonzerns gewesen war. Etwa ab dem Jahr 2020 stiegen die Erdölpreise so massiv, dass weltweit die Nachfrage nach Benzinautos drastisch einbrach. Die Leute hatten aufgrund der sich verschlechternden Lage immer weniger Geld, fuhren ihre alten Kfz immer weniger und wenn, dann bis zum bitteren Ende. Nachgefragt waren nun – wenn überhaupt noch – die kleinsten und sparsamsten Fahrzeuge, die ausgereiften kleinen E-Autos und vor allem die neuen Mikromobilitätsprodukte in der Angebotspalette, die die Autobauer mit Hilfe staatlicher Forschungs- und Entwicklungsunterstützung und Beschaffungsinitiativen seit 2017 sehr schnell zur Marktreife gebracht hatten und mit denen sie insbesondere in den engen Ballungsregionen Südostasiens großen Erfolg hatten. Die Angebote der Mobility wurden mit jeder Preissteigerung und mit jedem

Rückschlag für die klassische Autoproduktion immer erfolgreicher. In der prekären Lage wollten die Leute genau die Mobilität kaufen, die sie sich gerade leisten konnten, statt sich mit dem Besitz von Produkten unabsehbar zu belasten. Sie wollten flexibel bleiben und teure Produkte anteilig nutzen statt sie zu besitzen.

Ein Modernisierungsprojekt für Schienenverkehr und Mikromobilität

Ab 2017 begann die Politik zu begreifen, wie tief die fossile Mobilität in der Sackgasse steckte. Es wurde klar, dass man die immer größeren Verwerfungen in der Mobilitätsbranche wie in der Volkswirtschaft insgesamt nur durch einen vollständigen Paradigmenwechsel in der Verkehrs- und Infrastrukturpolitik in den Griff bekommen würde und dass in der Krisensituation eine staatliche Steuerung der bislang vorherrschenden marktliberalen Ideologie deutlich überlegen sein würde. Die Überlegung war schlicht: Um vom Erdöl und hohen Emissionen wegzukommen, mussten die systematische Elektrifizierung aller Verkehrsträger, ihre umfassende energiewirtschaftliche Integration und schließlich die Umstellung der gesamten Primärenergiebereitstellung auf regenerative Quellen das Ziel sein. Man beschloss eine Art Modernisierungsoffensive für die schienengebundenen Verkehrsträger im öffentlichen Nahverkehr, den Fern- und Regionalbahnen und für den Schienengütertransport, die schnell gehen sollte. Das Kalkül war ein doppeltes: Würden die Preissteigerungen in ihrer Dynamik beherrschbar bleiben und die öffentlichen Haushalte halbwegs stabil, so würde ein Netzwerk leistungsfähiger und robuster Kollektivverkehrsträger nach Schweizer Vorbild als modernes Basissystem innovativer Nutzungsformen und Geschäftsmodelle der Mobilität dienen, wie sie zum Beispiel die Mobility entwickelt hatte, und sich auf dieser Grundlage im Wechselspiel von staatlichen Investitionen und privater Initiative genauso stetig weiterentwickeln wie das

Auto-Straße-System im Jahrhundert zuvor. Würde das schief-
gehen und die globale Ökonomie in einen totalen Abwärts-
strudel gerissen werden, so würde ein einmal halbwegs mo-
dernisiertes und barrierefreies europäisches Verkehrssystem
für die nächsten Jahrzehnte die Grundabsicherung des gesellschaftlichen Mobilitätsbedarfs und der politischen und ökonomischen Integration des europäischen Gemeinwesens garan-
tieren müssen. Was ohne diese Grundabsicherung geschehen
könnte, sah man damals in den USA, die nicht einmal mehr
ein rudimentäres Schienensystem hatten und allein aus diesem Grund mit den stetig steigenden Ölpreisen immer tiefer
in das totale soziale Desaster ihrer vollständig suburbanisier-
ten Kultur gerieten: Ohne billiges Öl keine Mobilität, ohne
Mobilität keine Gesellschaft, ohne Gesellschaft keine Nation.
Die USA begannen in die totale sezessionistische Partikulari-
tät einzelner Bundesstaaten und Ideologien auseinanderzubre-
chen. Europa hatte eine andere Ausgangslage, und so oder so
war das Geld also sinnvoll investiert. Geplant wurde dann ein
Quantensprung-Projekt für die Jahre zwischen 2017 und 2030:
Die Investitionen in die Straßeninfrastruktur wurden total ge-
stoppt und auf ein Minimum von Erhaltungsmaßnahmen reduziert. Die Mittel wurden umgeleitet in einen Masterplan
zum Infrastrukturaufbau im Schienenverkehr und für die
Zweiradmobilität für den Personen- wie für den Gütertransport, in Forschungsprogramme für verkehrsbezogene Infor-
mationstechnologie, zur Integration von Energie- und Verkehrssystem und zur vorwettbewerblichen Entwicklung von
Produkten der Mikromobilität, also der unterschiedlichsten
kleinen Fahrzeuge zur individuellen Fortbewegung auf Basis
eines Elektroantriebs (E-Dreiräder, E-Zweiräder, Segways
etc.). Das Privatauto kam in dieser Planung perspektivisch
gar nicht mehr vor und das Auto an sich nur noch als Elektroauto. Damit wurden schließlich auch den anderen Autounter-
nehmen die Zeichen der Zeit klar, und beim Konzern in Südostniedersachsen war man glücklich, weil man sich mit der

Mobility so zukunftsgerecht aufgestellt hatte. Sie leistete nun den Service zur Verknüpfung von Mikromobilität und öffentlichem Transport als Grundpfeiler der urbanen Mobilität. Die Mobility wurde im Laufe dieses Prozesses zur nationalen und später zu einer großen europäischen Marke, auch weil die anderen Autobauer diesen mutigen Schritt nicht rechtzeitig gemacht hatten.

The Riding Republic – Copenhagenized Berlin

Berlin, Kreuzberg 36, 8.30 Uhr. Ein Staatssekretär des Bundeswirtschaftsministeriums ist mit dem Fahrrad auf dem Weg zur Arbeit. In der Nähe des Treptower Parks wohnend nutzt er fast jeden Morgen den Rad-Highway unter der Trasse der U1. 2017/18 gebaut ist es das mittlerweile älteste Teilstück eines heute die gesamte Stadt umspannenden, sehr gut ausgebauten Radwegesystems, mit dessen Aufbau Berlin heute sogar der einstigen Weltradhauptstadt Kopenhagen den Rang abgelaufen hat. Als man sich erst einmal dazu entschieden hatte, Berlin zur Radfahrerstadt umzubauen, zeigte sich mit dem neuen Blick auf die Stadtgeographie sehr schnell, wie viel Platz für neue Radwege eigentlich in den Brachen und randständigen Gebieten in den Ecken und Nischen noch vorhanden waren. Oft genügten schlicht eine gut platzierte Brücke über einen Kanal oder die Spree, ein Tunnel unter einer Gleisanlage oder eine Radrampe an einem Hügel, um die Verkehrswertigkeit eines ganzen Stadtteils massiv zu verbessern bzw. bislang durch vielbefahrene Straßen oder S-Bahntrassen voneinander abgeschnittene Stadtteile auf neue Weise miteinander zu verbinden. Die dadurch ausgelöste soziale und wirtschaftliche Entwicklungsdynamik in einzelnen Stadtteilen war überraschend hoch und in ihren Ergebnissen mitunter sehr erstaunlich. Gleichzeitig wurde der vorhandene Straßenraum nach stadt- und siedlungsplanerischen Gesichtspunkten der nahräumlichen Erreichbarkeit, der Fußgängerfreundlichkeit und der Shared-Spaces neu aufgeteilt und sortiert. So teilen sich in manchen dichteren Quartieren alle Verkehrsteilnehmer die gemeinsamen Flächen bei niedrigen Geschwindigkeiten, an anderen Stellen wurde der Straßenraum neu sortiert und zueinander abgegrenzt, so dass Rad- und Segwayfahrer, Auto-, Scooter- und Transportverkehre und Fußgänger eigene Flächen zur Verfügung bekamen, um ungehindert voneinander zügig voranzukommen. Je mehr Platz für die Riding Republic geschaffen wurde, für Fahrbahnen und sichere Stellplätze, für Lade- und Leihradstationen, desto mehr Raum wurde nach und nach dem fließenden und ruhenden Autoverkehr entzogen und mit intelligenten Parkraummanagementsystemen ausgestattet. Heute werden an manchen freundlichen Tagen 70 % aller Wege im Personenverkehr (im Winter immerhin noch 50 %) und im Güterverkehr bis zu 50 % aller Transporte mit Zwei- oder Dreirädern der unterschiedlichsten Art und Ausstattung zurückgelegt. Die Berliner Innenstadt selbst ist heute weitgehend frei vom Verkehr in privaten Fahrzeugen. Es fahren überhaupt wenige Autos, auch im Sharingsegment oder als roboterelektrische Taxis in den dafür ausgewiesenen Testarealen, da die Kombination von öffentlichem Verkehr und Zweirädern so gut funktioniert. Autos mit Verbrennungsmotoren durften schon seit 2020 nicht mehr in den Citybereich. Berlin ist mit dieser Entwicklung keine Ausnahme, sondern eine beispielhafte Stadt für den Erfolg der Mobilitätswende in ganz Deutschland. Und nicht nur die Städte setzten auf die Kombination von Zweirad und Kollektivverkehr. Auch in ländlichen Regionen konnte sich das neue Mobilitätsleitbild erfolgreich etablieren, auch wenn hier struktur- und geographiebedingt Nullemissionsautos häufiger eingesetzt werden. Ein flächendeckendes System von Radschnellwegen dient der regionalen Verknüpfung, für Wirtschaft wie für den Tourismus gleichermaßen. Nur selten mussten dafür Radwege neu gebaut werden, vielmehr wurden Flächen der schon gut ausgebauten Bundesstraßen und Autobahnen umgewidmet und den neuen Nutzungsprofilen entsprechend neu ausgestattet und angepasst mit einer kleinteiligeren Versorgungsinfrastruktur. Der Staatssekretär ist heute mit seinem privaten Fahrrad unterwegs. Es ist ein schon fast fünfzehn Jahre altes Modell aus Bambus und Hanf, gebaut nach Kriterien der Cradle-to-Cradle-Kreislaufwirtschaft. Alle flexiblen Teile des Rades sind ohne Schweiß- und Lötnähte verarbeitet und angebracht und können in Eigenbau repariert und erneuert werden. In sich abgekapselte Gangschaltungs- und Bremssysteme sind quasi unzerstörbar und sehr langlebig, genauso wie die flexibel zuschaltbaren E-Antriebseinheiten, mit denen das Rad von einem Moment zum nächsten zum Pedelec umgebaut werden kann. Private Räder werden heute immer seltener, weil Besitz insgesamt sehr an Bedeutung verloren hat. Doch das Rad ist dem Mann so ans Herz gewachsen, dass er sich nicht davon trennen will und es am Umweltministerium angekommen sorgsam in einer der Radparkstationen unterbringt. Gekleidet ist der Staatssekretär mit einem neuartigen atmenden und biologisch abbaubaren Kunststoffmaterial, das ihn vor Wind und Wetter schützt. Die meisten Radfahrer tragen heute solche Materialien, wodurch das Wetter selbst in den nördlichen Regionen kein Argument mehr gegen das Radfahren ist. Auch die Kleiderordnung hat sich diesem neuen Trend überraschend schnell angepasst, nicht zuletzt deswegen, weil die Anzüge für fast jeden Körperbau ausgesprochen ausgefeilte Designs bieten. Morgen wird der Staatssekretär wieder mit einem der vielen Leihräder in Berlin unterwegs sein, weil er nach einer kurzen Dienstreise direkt nach Hause zurückkehren wird und sein Rad nicht am Ministerium abholen will. Auch die Leihräder sind wie alle anderen Räder und überhaupt alle Fahrzeuge ebenfalls nach dem Cradle-to-Cradle-Prinzip konstruiert und damit vollständig wiederverwertbar. Vor allem bei den digitalen Komponenten wird wegen der seltenen und teuren und in der Gewinnung ökologisch nicht unproblematischen Rohstoffe und Metalle großer Wert erstens auf Langlebigkeit und zweitens auf Wiederverwertbarkeit gelegt. Nur die Software wird in regelmäßigen Abständen aktualisiert. Sie dient der Navigation, dem Zugang und dem Bezahlvorgang ähnlich den logistischen Abläufen, die bei der ÖV-Nutzung im Hintergrund ablaufen und heute meistens über eine akustische Schnittstelle in Verbindung mit einem digitalen Miniassistenten abgewickelt werden. Auch den ÖV nutzt der Staatssekretär für seinen Weg zur Arbeit mitunter gern, gleichwohl ihm die Bewegung auf dem Rad lieber ist. Das Schönste dabei ist für den Sparfuchs dann immer der Austritt aus dem System. Da nämlich kann man die durch die heute enorm leistungsfähigen piezoelektrischen Membranen in der Schuhsohle durch die Schrittbewegung erzeugte Energie – heute gibt es kaum noch Schuhe ohne diese Sohlen – auf einer Konverterplatte am Bahnhofsausgang per Induktion aus den Sohlen saugen und auf die jeweils angefallenen Transportkosten anrechnen lassen. Viel macht das nicht aus, aber immerhin. Andere lassen den Strom in den Sohlen und laden damit lieber ihre mobilen Kleingeräte auf.

Telependeln, Wege sparen

Berlin, Wirtschaftsministerium 9.00 Uhr. Der radelnde Staatssekretär ist angekommen und begibt sich direkt in seine Videokonferenz-Umgebung in einer kleinen, etwas separierten Ecke seines Büros. Die demokratischen Prozesse in den nationalen Flächenstaaten der fossil-industriellen Gesellschaftsphase waren verkehrsintensiv. Insbesondere in großen Staaten erzeugte das Repräsentationsprinzip einen enormen Pendelaufwand zwischen Wahlkreisen und Regierungszentren. Hinzu kamen noch alle weiteren denkbaren Formen der Regierungsarbeit (z. B. Gipfeltreffen, Kooperationen und Abstimmung der verschiedenen politischen Ebenen), der staatlichen Bürokratie, von zivilgesellschaftlichen Beteiligungsverfahren für Öffentlichkeit, Wirtschaft und Wissenschaft und die Arbeitsweise der Medien, die – alles zusammengenommen – im 20. Jahrhundert eine enorme fossile Raum-Last politischer Systeme begründete. Nicht zuletzt die internationale Politik, die Arbeit der Vereinten Nationen, die G7-Gipfel und ironischerweise oft erst recht die in Sachen Nachhaltigkeit verpflichteten Prozesse, wie die Klimagipfel, erzeugten ein enormes Maß an nicht nur klimaschädlichem Luftverkehr. Die digital neuverfasste Demokratie bringt 2040 einen im Vergleich zu diesen früheren Zeiten nur noch sehr eingeschränkten Raumüberwindungsbedarf mit sich. Der Staatssekretär wird sich den gesamten Vormittag und einen Teil des Nachmittags im Cyberspace aufhalten. Zunächst um das Grußwort zum Auftakt einer Konferenz in Süddeutschland zu sprechen, dann wird er selbst eine Rede während einer Cyberkonferenz halten, schließlich wird er am Nachmittag der Ministerin während eines Cybergipfels assistieren. Das Besondere an diesen Konferenzen ist die Tatsache, dass sich die Beteiligten nicht mehr direkt persönlich treffen, sondern sich von ihren Telearbeitsplätzen aus zu einer virtuellen Cyberspace-Konferenzschaltung verabreden. Die Einsparungen an Reisezeit, Reisestress, Kosten und Energie sind riesig. Nicht jedes Thema lässt sich so besprechen, aber die meisten. Durch die »Media-Richness« der verwendeten Technologie sind die akustischen und visuellen Anmutungen fast perfekt und der Immersionscharakter der Anlagen enorm. Ein professioneller Cybermoderator – heute ein neues Berufsbild zwischen Informationstechniker, Journalist und Moderator – kümmert sich um die Abläufe, Reihenfolge der Wortbeiträge, schlichtet im Streitfall, klärt technische Fragen und regelt die Dokumentation der Veranstaltungen. Wie bei echten Konferenzen ist es möglich, auf separaten Kanälen zu einzelnen Teilnehmern oder auch kleineren Gruppen direkt Kontakt aufzunehmen, zum Beispiel, um Absprachen zu treffen, etwa wenn es um ein taktisches Abstimmungsverhalten oder die

Anwendung der Geschäftsordnung der entsprechenden Gremien geht. Wissenschaftliche Konferenzen, Abstimmungen mit den Kollegen aus anderen Ländern, Debatten mit Parteiarbeitsgruppen und Kollegen der Bundesländer bis hin zu den täglichen Briefings für die Ministerin, wenn diese international auf Reisen sein sollte – das alles lässt sich heute virtuell regeln. Die Anlagen lassen sich leicht und routiniert bedienen. Sie bestehen im Profibereich vor allem aus einer im Durchmesser etwa einen Meter messenden Kugel. Diese senkt sich über Kopf und Oberkörper des Cybernauten und schließt sich etwa in Brusthöhe mit einer bequemen Manschette, ist aber dennoch akustisch abgeschottet. Die Innenseiten sind mit rundum bespielbaren Projektionsflächen und einer Hochleistungsakustik versehen. Die Kugel wird mit einem konstanten Frischluftstrom – in einer gewünschten Temperatur, mit Luftfeuchtigkeit und nach Wunsch auch mit duftenden oder medizinisch wirksamen Aerosolen versetzt – versorgt, und man kann mit ihnen stehen oder auch sitzen oder beides abwechselnd. Nach Wunsch können personalisierte Monitore zugeschaltet werden, etwa für Teleprompter bei wichtigen Reden oder um Notizen abzulesen oder zu machen. Um 9.15 Uhr ist der Staatssekretär für sein Grußwort bereit. Um 9.45 Uhr folgt die Schalte mit den Kollegen der EU-Mitgliedsländer, dann wird er einen kleinen Impuls in einem Onlineseminar des Fachbereichs für Politische Wissenschaften der FU zu den Möglichkeiten und Risiken der Cyberdemokratie geben – dieser Kurs wird selbst wiederum in die ganze Welt ausgestrahlt –, danach trifft er sich virtuell kurz mit seiner Tochter, die in Peking studiert, und schließlich will er mit einem Parteikollegen einige Themen besprechen. Der ist zwar auch in Berlin, sitzt aber heute an seinem Heimarbeitsplatz am Stadtrand. Beide werden viel Zeit sparen, weil sie sich nicht direkt treffen. Zeit, die er dann gleich an anderer Stelle in ein ausgiebiges Mittagessen mit den heute vor Ort arbeitenden Mitarbeitern seines Büros investieren wird. Telependeln ist seit den 2020ern eine weitverbreitete Entwicklung und findet neben den staatlichen Einrichtungen und den Parlamenten in allen Branchen und Lebensbereichen statt: in der Bildung, der medizinischen Versorgung, der Wirtschaft und vor allem der öffentlichen Verwaltung. Deswegen stehen heute in eigentlich jeder Wohnung ein oder zwei »Beamer-Bälle«, wie sie vom Volksmund genannt werden. In vielen Branchen ist es heute üblich, dass zwei bis drei Tage der wöchentlichen Arbeitszeit mit den Beamern erledigt werden. Mit der Zeit hat das zu einer teilweisen Neustrukturierung des Immobilienmarktes geführt. Gewerbeimmobilien werden kleiner und weniger zahlreich nachgefragt, während die Wohnimmobilien größer und besser ausgestattet sind, da sich die Menschen ja länger und häufiger dort aufhalten und die Grenzen von Arbeit, Familie und Freizeit stärker verschwimmen. So hat das Umweltministerium zum Beispiel aufgrund der effizienteren Raumnutzung – weniger Mitarbeiter sind zur gleichen Zeit präsent und durch die Beamer-Bälle sinken die pro Kopf nötigen Büroraumkoeffizienten – mit der Zeit auf ein Drittel seiner Fläche verzichten können. Es wurde sogleich das eher kleine Entwicklungsministerium in den freien Flächen angesiedelt, dessen Gebäude wiederum neu vermietet werden konnten. Ein Teil der Wertschöpfung durch solche neuen Mieteinnahmen oder Einsparungen für Immobilienkauf oder -miete konnte dann an die Mitarbeiter für die anteilige Finanzierung der Beamer-Bälle und größere Wohnungen – weil eben nun auch dienstlich genutzt – weitergegeben werden. Ähnlich wird es auch von privaten Unternehmen gehandhabt. Ein Teil des wachsenden Wohnraumbedarfs von Berlin konnte so – statt durch Neubau – durch die Umwidmung von Gewerbeimmobilien in Wohnimmobilien befriedigt werden. Wichtig war dabei auch die Integration des Telependelns in die Anrechenbarkeit der Pendlerpauschale: Wer telematisch arbeitet statt zur Arbeit zu pendeln, konnte zu Beginn der Maßnahme sogar einen etwas höheren Pauschalsatz geltend machen. So konnten sich die Investitionen in die Telependel-Infrastrukturen schnell amortisieren.

Floating Goods – Nachhaltige Gütermobilität

Westhafen Berlin, 6.00 Uhr am Morgen. An einer der Hafenmolen sammeln sich in aller Stille zwanzig Semikatamaranflöße, die jeweils einen Container tragen. Diese Containerflöße kommen aus kleinen und größeren Produktionsbetrieben der neuen urbanen Produktion, von Dienstleistern oder Verwaltungsstellen überall aus Berlin auf der Spree und den verschiedenen Verbindungskanälen zu ihrem zugewiesenen Sammelpunkt geschippert. Dann verbinden sie sich automatisch zu einer einzigen großen Schubeinheit, die von da aus über die Spree und die Elbe ihren Weg zum Hamburger Hafen nehmen wird. Dort löst sich der Schubverbund auf, und die einzelnen Einheiten verteilen sich im gesamten Hafengebiet zu den verschiedenen ihnen schon zugewiesenen Containerschiffen, löschen dort ihre Fracht und machen sich dann auf den Weg zu den nächsten Ladepunkten in Hamburg. Sie werden beladen, mit Treibstoff nachgefüllt und zum nächsten Sammelpunkt beordert. Dann werden sie wieder zu einer Schubeinheit verkoppelt und auf den Weg geschickt. Diesmal vielleicht an die Ostseeküste, den Rhein oder über die Donau bis an die Schwarzmeerküste. Die Flöße sind angetrieben von einem von einer Brennstoffzelle gespeisten Elektromotor, die mit regenerativ erzeugtem Wasserstoff – in diesem Fall aus der Sahararegion, oft aber auch aus Island, wo die Geothermie für einen enormen Energieüberschuss sorgt – angetrieben werden. Durch die Verbindung der Flöße zu Schubeinheiten für längere Strecken wird es aufgrund der besseren Verdrängung und Wasserlage möglich, sehr energieeffizient unterwegs zu sein. Eines der autonomen Cargoflöße enthält an diesem Morgen einige nicht zeitkritische Unterlagen und Büchersendungen an ein deutsches Konsulat in Übersee. Am Abend zuvor waren die Unterlagen im Außenministerium in einer der standardisierten und mit RFID-Chip ausgestatteten Logistikboxen eingepackt worden. Diese wiederum wurde zunächst einem der Cargo-Biker übergeben, die zu Tausenden ständig auf den Berliner Straßen unterwegs sind, mit diesem zu einem der Cargosammelpunkte am Spreeufer in der Nähe des Reichstages gebracht und von dort auf das vorgesehene Cargofloß verladen. Zu diesem Zweck fährt der Biker auf eine nach hinten abschüssige Rampe, löst den Haltemechanismus, die Box gleitet per Schwerkraft auf die Cargorutsche und von dort in das Innere des wartenden Containers, indem die Sortierung ebenfalls mit Hilfe einer ganz schlicht aber effektiv konstruierten, die Schwerkraft nutzenden Stapelautomatik zu Ende gebracht wird.

Avus, Berlin 8.00 Uhr am Morgen. Ein Logistik-Platoon, ein aerodynamisch optimierter Fahrtenverbund von etwa vierzig halbautonom fahrenden Lastkraftwagen nähert sich dem südwestlichen Berliner Logistikportal auf dem Gelände des ehemaligen Rasthofes an der Avus. In dieser Zusammensetzung ist die LKW-Kette schon seit Hannover unterwegs. Dort gab es den letzten Neuzugang, und zwei LKW sind ausgeschert, um ihre Fracht in einem der Logistik-Verteilzentren am Stadtrand von Hannover den Letzte-Meile-Lieferfahrzeugen zu überlassen. Mit dem Platoon aus Westdeutschland sind auch zwei Lieferungen für das Umweltministerium in Berlin angekommen. Zwei Sonderanfertigungen von Büromöbeln aus dem Ruhrgebiet und ein Ersatzteil für eine der etwa zwanzig Videokonferenzanlagen des Ministeriums. Der Platoon wird nun in Berlin ganz aufgelöst. Dazu fahren die vierzig Fahrzeuge nach Auflösung des Schubverbundes in jeweils eine der zweihundert Verladebuchten des Logistikterminals. Je nach Transportbedarf und Zeitdruck warten dort die unterschiedlichsten Kleinstfahrzeuge: Zweiradtransporter mit Stützrädern und starkem E-Antrieb für den zügigen Transport, Dreirad-Rikschas mit etwas größerem Lastvolumen, elektrische Großtransporter, die einen ganzen Container aufnehmen können, was aber eher selten vorkommt. Schließlich warten einige Luftdrohnen, die die schnellen Transporte beispielsweise von Medikamenten und medizinischen Proben übernehmen. Nicht so zeitkritische Transporte werden in den auslastungsarmen Nachtstunden von den kollektiven Verkehrssystemen übernommen: Eine autonome Logistikdrohne transportiert die bis dahin zwischengelagerte Fracht dann zum Beispiel bis zur nächsten S-Bahn-Station. Dort kann sie über die nachgerüstete Verladeinfrastruktur die leeren Waggons befüllen. Viel Nachrüstung war dazu gar nicht nötig: eine Rampe für den Zugang, digitalisierte Schnittstellen und standardmäßig hochklappbare bzw. bei neueren Zügen in die Bodenplatten versenkbare Sitze, die dann eine freie Lagerfläche für die einparkenden Drohnen ermöglichen. Die langen Strecken durch die Stadt fahren die Drohnen zügig, ungehindert und mit wenig Energieaufwand mit der S- oder U-Bahn, »steigen« automatisch wie ein herkömmlicher Fahrgast aus und übernehmen schließlich selbständig die letzte Strecke bis zur Endlieferstation. Dort wird die Fracht dann entweder direkt übergeben oder in eine der Lagerboxen am Straßenrand oder den Hauseingängen eingelagert, bis die Kunden nach Hause kommen. Größere Lieferungen, die nicht in die Boxen passen, werden mit einem GPS-gekoppelten mobilen Alarm verbunden. Wird das Paket oder die Palette auch nur einen Meter ohne Deaktivierung des Alarms bewegt oder unerlaubt geöffnet, ertönt eine Warnsirene, und das Frachtverfolgungssystem alarmiert einen Mitarbeiter, der sich über die Mikrokamera des Alarmgebers in das Geschehen einschalten kann und ggf. Hilfe schicken wird. Die Möbellieferung für das Ministerium ist nicht dringlich und wird deswegen über das integrierte Logistikkonzept mit S- und U-Bahn in der Nacht weitertransportiert. Das Ersatzteil für das vielgenutzte Videokonferenz-System wird mit einem Lastenbike direkt und schnell zum Kanzleramt gebracht. Wenn die Frachtdrohnen ihre Ladung gelöscht haben, nehmen sie neue Transporte an, meist ganz in der Nähe der Abladeorte, so dass keine Leerfahrten entstehen. Auch die LKW werden, in Berlin angekommen, gegebenenfalls kurz aufgetankt – je nach Streckenführung sind Antriebskonzepte mit klimaneutralem algenbasierten Biodiesel der dritten Generation unterwegs, mit Wasserstoff-Brennstoffzellen-Antrieb oder die LKW werden, dies aber nur auf einigen Strecken, über eine Oberleitung mit Strom versorgt –, dann neu beladen mit Gütern aus Berlin bzw. mit Gütern, die in Berlin umgeschlagen werden, und schließlich in neuer Formation wieder auf die Strecke geschickt. Eine Logistiksoftware ist das koordinierende Mastermind hinter allen diesen Prozessen. Die Logistikplanung funktioniert so gut, dass die Flotte der urbanen Lieferfahrzeuge wie auch die der Langstreckentransporter eigentlich niemals zum Stillstand kommt und bis auf Inspektions- und Reparaturpausen rund um die Uhr meist zu fast einhundert Prozent ausgelastet ist. Gleiches gilt für die Gütertransporte auf der Schiene, wo durch automatisierte Strecken- und Zugführung eine Vervielfachung der Effizienz bei der Infrastrukturauslastung möglich geworden war. Hinzu kamen neue Konzepte der Nutzung des privaten Personenverkehrs zur gleichzeitigen Feinverteilung von kleinteiligen Warenlieferungen in Großstädten. Diese enorme Steigerung der Nutzungseffizienz durch digitalisierte Logistikdienste war schließlich eines der Kernelemente der Mobilitätswende im Personen- wie im Güterverkehr.

EPILOG – DAS MÄRCHEN
VOM VOLK OHNE WAGEN

»He is not an optimist, he is not a pessimist, he is a possibilist« (Jacob von Uexküll)

Schon einmal ist ein Märchen wahr geworden. Das Automobil ist heute Wirklichkeit für die meisten Menschen auf der Welt. Entweder als intensiv genutztes Konsumgut, als in erreichbare Nähe rückendes Konsumleitbild auf dem Weg in die Mittelschicht in Indien oder China oder als noch ferner Wunschtraum für die Miserablen dieser Welt in weiten Teilen Afrikas und Lateinamerikas. Hat das Märchen vom Volk ohne Wagen, dessen Erzählung Gegenstand dieses Buches war, eine ebenso große Chance, Wirklichkeit zu werden? Um ganz ehrlich zu sein: Nein. Es war schlicht einfacher und populärer, das Volk in den Wagen zu setzen – halb zog man es, halb sank es hin –, als es heute davon zu überzeugen, aus- und umzusteigen.

Dennoch ist eine Mobilitätswende prinzipiell überhaupt nicht unmöglich. Die Frage der Machbarkeit entscheidet sich im politischen Raum der Diskurse und Diskussionen, dabei wird es letztlich auch um die zukünftigen Grenzen von Lebensstilen und Wohlstandsansprüchen gehen müssen. Ohne den Mut zu einem Primat der Politik im Sinne kluger Diskurse, wirksamer Regulierungen, mutiger Investitionsentscheidungen und schließlich dem Anliegen, im Rahmen staatlicher Daseinsvorsorge attraktive Leitbilder nachhaltiger Mobilität anzubieten, wird die Mobilitätswende nicht gelingen. Mobilitätsgestaltung ist im Kern also tatsächliche Transformationspolitik eines Lebensbereiches, der sich evolutionär entweder gar nicht bzw. viel zu langsam in die gebotene Richtung entwickeln würde. Man wünschte sich in dieser Situation womöglich ein wenig mehr Einfluss des im Prolog beschriebenen Königs, als Idealtypus der Innovation und des mutigen Fortschreitens auch in unsicheren Gefilden, als den des weisen aber zweifelnden Kritikers. Allerdings nur ein wenig.

Gelänge der schwierige Umbau der Mobilität, dieser Herzkammer moderner Gesellschaften, so kann er in allen ihren Bedürfnis- und Lebensbereichen gelingen. Gelingt er nicht, so würde das die bereits vielfach empirisch begründete These von der Gefangenheit und Pfadabhängigkeit von Menschen, Kulturen und Unternehmen und der Egozentrik, manchmal der schlichten Irrationalität und Kurzsichtigkeit menschlicher Handlungsweisen zwar erneut eindrucksvoll bestätigen. Aber wer würde sich in diesem Falle nicht gerne widerlegen lassen ...?

Literatur

Adamek, Sascha / Otto, Kim (2009). Der gekaufte Staat. Wie Konzernvertreter in deutschen Ministerien sich ihre Gesetze selbst schreiben. Köln.

Adorno, Theodor W. (1951): Minima Moralia. Reflexionen aus dem beschädigten Leben. Frankfurt am Main.

Augé, Marc (2016): Lob des Fahrrades. München.

Benchmark Minerals Intelligence (2017): http://benchmarkminerals.com/

Bouwfonds (2012): Parking money in parking garages. Summary. Amsterdam, Perlin, Paris. Im Internet: http://www.bouwfondsim.nl/~/media / Files / Publi / 1105ENMRPAREU.ashx.

Braungart, Michael / McDonough, William (Hg.) (2009): Die nächste industrielle Revolution. Die Cradle to Cradle-Community. Hamburg.

Caparrós, Martín (2015). Der Hunger. Berlin.

Carleton, Coon (1976): The Story of the Middle East. New York.

Davis, Amélie Y.; Pijanowski, Bryan C.; Robinson, Kimberly D.; Kidwell, Paul B. (2010): Estimating parking lot footprints in the Upper Great Lakes Region of the USA. In: Landscape and Urban Planning 96 (2010) 68–77.

Elis, Angela (2010): Mein Traum ist länger als die Nacht. Wie Bertha Benz ihren Mann zu Weltruhm fuhr. Hamburg: Hoffmann und Campe.

Fischer, Hermann (2012): Stoffwechsel. Auf dem Weg zu einer solaren Chemie des 21. Jahrhunderts. München.

Forschungsgesellschaft Mobilität (FGM) – Austrian Mobility Research AMOR (2015): Push & Pull. 16 gute Gründe für Parkraumbewirtschaftung. Graz.

Fuller, R. Buckminster (1973): Bedienungsanleitung für das Raumschiff Erde. Reinbek.

Ganser, Daniele (2014): Europa im Erdölrausch. Die Folgen einer gefährlichen Abhängigkeit. Zürich.

Greenpeace (2016): https://www.greenpeace.de / presse / presseerklaerungen / mehrheit-der-deutschen-fuer-fahrverbote-bei-schlechter-luft.

Hebert, Saskia (2016): Reisebericht. Oder: Eine Passage durch Raum und Zeit. In: Giesecke, Dana / Hebert, Saskia / Welzer, Harald (Hg.): Futur Zwei Zukunftsalmanach 2017 / 2018. Geschichten vom guten Umgang mit der Welt. S. 259–326. Frankfurt am Main.

Heinze, Rolf, G. (1981): Verbändepolitik und Neokorporatismus: Zur politischen Soziologie organisierter Interessen. Opladen.

Hopkins, Rob (2014): Einfach. Jetzt. Machen! Wie wir unsere Zukunft selbst in die Hand nehmen. München.

IBM (2011a): IBM Global Parking Survey: Drivers Share Worldwide Parking Woes. Pressemitteilung vom 28.09.2011. Armonk, New York. Im Internet: http://www03.ibm.com/press/us/en/pressrelease/35515. wss

IBM (2011b): Streetline and IBM: smarter parking supports business, drivers and environment. IBM ISV & Developer Relations Solution Brief. Somers.

Kant, I. (1968 [1797]): Metaphysik der Sitten, Rechtslehre. In: Schriften zur Ethik und Religionsphilosophie 2, Kant Werke in zwölf Bänden, Bd. VIII. Frankfurt am Main.

Kleveman, Lutz (2002): Der Kampf um das heilige Feuer. Wettlauf der Weltmächte am kaspischen Meer. Berlin.

Knie, Andreas / Zimmer, Wiebke / Rammler, Stephan (2016): Mut zur Zukunft. Der Wandel zur neuen Mobilitätsgesellschaft – Ansätze für einen Politikwechsel. In: Internationales Verkehrswesen, September 2016/3. S. 10–14.

Kutter, Eckhardt (1975): Mobilität als Determinante städtischer Lebensqualität. In: Leutzbach (Hg.): Verkehr in Ballungsräumen. Schriftenreihe der DVWG B 24, Köln, Berlin, S. 65–75.

Lehner, Franz (1983): Einführung in die neue politische Ökonomie. Königstein / Ts.

Lelieveld, J. / Evans, J. S. / Fnais, M. / Giannadaki, D. & Pozzer, A. (2010): The contribution of outdoor air pollution sources to premature mortality on a global scale. Nature Nr. 525. S. 367–83.

Lüders, Michael (2015): Wer den Wind sät. Was westliche Politik im Orient anrichtet. München.

Musil, Robert (1994): Der Mann ohne Eigenschaften. 2 Bände. Reinbek bei Hamburg. Bd. 1: S. 16.

Marchal, V., Dellink, R., Vuuren, D. V., Clapp, C., Chateau, J., Lanzi, E., Magne, B., Vliet, J. A. (2011): OECD Environmental Outlook to 2050.

OECD / ITF (2015): Urban Mobility System Upgrade. How shared self-driving cars could change city traffic. Corporate Partnership Board Report. Paris.

Prantl, Heribert (2017): Gesetz zum Autonomen Fahren. Dobrindt baut einen Unfall. In: SZ vom 27. Januar 2017. S. 15.

Q-Park (2011): Verantwortungsbewusstes Parken 2011. Maastricht, Düsseldorf.

Radkau, Joachim (2017): Geschichte der Zukunft. Prognosen, Visionen, Irrungen in Deutschland von 1945 bis heute. München.

Rammler, Stephan (2014): Schubumkehr. Die Zukunft der Mobilität. Fischer Taschenbuch. Frankfurt am Main. 2. Auflage.

Rogan, Eugene (2009): Die Araber. Eine Geschichte von Unterdrückung und Aufbruch. Berlin.

Ruf, Werner (2016): Islamischer Staat & Co. Profit, Religion und globali-
sierter Terror. Köln.

Sauter-Servaes, Thomas (2016): Aufbruch ins Zeitalter der Permamobili-
tät – Ende des Stillstands. In: Internationales Verkehrswesen, Jg. 68,
Heft 1/2016, S. 20.

Scheer, Hermann (2010): Der energethische Imperativ. München.

Schwedes, Oliver (2013): Objekt der Begierde. Das Elektroauto im politischen Kräftefeld. In: Keichel, Marcus./Ders. (Hg.): Das Elektroauto.
Mobilität im Umbruch. Wiesbaden, S. 45–71.

Schweizer, Gerhard (2015): Syrien verstehen. Geschichte, Gesellschaft und
Religion. Stuttgart.

Seidler, Christoph (2009): Arktisches Monopoly. Der Kampf um die Rohstoffe der Polarregion. München.

Seifert, Thomas/Werner, Klaus (2005): Schwarzbuch Öl. Eine Geschichte
von Gier, Krieg, Macht und Geld. Ffm, Wien, Zürich.

Siemens (2011): Fortschritt beim Stillstand. Wie Optimierungen des ruhenden Verkehrs für mehr Bewegung sorgen können. ITS magazine. Fach-
magazin für Straßenverkehrstechnik I 2/2011. München.

Statistisches Bundesamt (2016): Pressemitteilung Nr. 451 vom 14.12.2016.
https://www.destatis.de/DE/PresseService/Presse/Pressemitteilungen/
2016/12/PD16_451_85.html.

Steinmüller, Karlheinz (1999): Zukünfte die nicht Geschichte wurden. Zum
Gedankenexperiment in Zukunftsforschung und Geschichtswissen-
schaft. In: Salewsky, M. (Hg.): Was wäre wenn. Alternativ- und Paral-
lelgeschichte: Brücken zwischen Phantasie und Wirklichkeit. HMRG-
Beiheft 36, Stuttgart, S. 43–53.

Tibi, Bassam (1985): Der Islam und das Problem der kulturellen Bewältigung sozialen Wandels. Frankfurt am Main.

Ders. (1991): Die Krise des modernen Islam. Eine vorindustrielle Kultur
im wissenschaftlich-technischen Zeitalter. Frankfurt am Main.

Ministerium für Verkehr Baden-Württemberg (2016): Wirkungsgutachten
Luftreinhalteplan Stuttgart. Stuttgart.

Weinberger, Rachel; Kodransky, Michael; Karlin-Resnick, Joshua; Gauthier,
Aimee; Gyarmati, Zoltan; Pen, Yan; Fu, Lu (2012): Parking Guidebook
for Chinese Cities. New York.

WGBU (2016): Zusammenfassung des Hauptgutachtens des WBGU »Der
Umzug der Menschheit: Die transformative Kraft der Städte«. Berlin.

Ziegler, Jean (2009): Der Hass auf den Westen. Wie sich die armen Völker
gegen den wirtschaftlichen Weltkrieg wehren. München.

Zierul, Sarah (2010): Kampf um die Tiefsee. Wettlauf um die Rohstoffe
der Erde. Hamburg.